KB002362

하버마스 읽기

세창사상가산책11

하버마스 읽기

초판 1쇄 인쇄 2015년 5월 15일
초판 1쇄 발행 2015년 5월 20일
-
지은이 김원식
펴낸이 이방원
기획위원 원당희
편집 김민균·김명희·안효희·강윤경
디자인 손경화·박선옥
마케팅 최성수
-
펴낸곳 세창미디어
출판신고 2013년 1월 4일 제312-2013-000002호
주소 120-050 서울시 서대문구 경기대로 88 냉천빌딩 4층
전화 02-723-8660
팩스 02-720-4579
이메일 sc1992@empal.com
홈페이지 http://www.sechangpub.co.kr/
-
ISBN 978-89-5586-246-1 04160
         978-89-5586-191-4 (세트)

이 도서의 국립중앙도서관 출판시도서목록(CIP)은 서지정보유통지원시스템 홈페이지(http://seoji.nl.go.kr)와
국가자료공동목록시스템(http://www.nl.go.kr/kolisnet)에서 이용하실 수 있습니다.
CIP제어번호: CIP2015013012

세창사상가산책 | JÜRGEN HABERMAS

하버마스 읽기

김원식 지음

11

세창미디어

머리말

　해당 사회에 대한 올바른 시대진단은 사회철학의 출발점이요, 그에 대한 실천적인 대안 제시는 사회철학 일반의 사명이라고 할 수 있을 것이다. 이 책의 목적도 현대 사회에 대한 '시대진단과 대안 제시'라는 틀을 중심으로 삼아서 위르겐 하버마스의 전반적인 사상을 평이하게 소개하는 데에 있다.

　독일인인 위르겐 하버마스는 생존해 있는 세계적인 사회철학자이며, 그의 영향력은 매우 크고도 넓다. 한국에서도 역시 그에 대한 관심은 지대하며, 이는 그간 한국어로 번역되어 있는 그의 수많은 저작들이 역설하고 있다. 그러나 하버마스의 저작들은 여전히 일반 독자들에게 손쉬운 접근을 허용하지 않는다. 여기에는 그 저작의 방대함은 물론 철학, 사회학, 법학, 정치학 등 다양한 학문 분야를 넘나드는 그의 학제적 연구 방식도 일조하고 있을 것이다.

그간 외국에서 저술된 몇몇 입문서들이 한국어로 번역되어 일반 독자들이 이 책들의 도움을 받을 수 있을 것으로 생각된다. 하지만 아직 하버마스의 사상 전반에 대해 국내에서 직접 저술된 입문서는 없는 것으로 보인다. 이러한 사정을 감안하여 이 책에서는 누구나가 손쉽게 접근할 수 있으면서도, 향후 본격적인 하버마스 연구를 위한 출발점이 될 디딤돌을 제공해 보고자 한다.

이 책이 하버마스의 사상에 대한 관심과 오늘날 사회철학적 성찰이 가지는 중요성을 음미해 볼 기회를 독자들에게 제공할 수 있기를 기원해 본다.

서 론

여기서는 이 책에 대한 독자들의 이해와 활용을 돕기 위해 먼저 이 책의 전체적인 구성과 집필 방향에 대해서 간략히 설명해 두고자 한다.

이 책은 전체 6개의 장으로 구성되어 있다. 먼저 1장 '생애와 저술'에서는 주요 저서를 중심으로 1929년생인 하버마스의 일대기를 재구성해 보았다. 특히 여기서는 시기별로 그의 주된 학문적 관심과 연구 방향을 소개하였고, 독자들이 직접 찾아 읽어 볼 수 있도록 한국어로 번역된 저작들을 중심으로 그의 주요 저서들을 각주에 소개해 두었다.

2장 '의사소통 행위이론을 향하여'에서는 하버마스가 봉착한 문제상황이 무엇이었는지를 밝히기 위해서 프랑크푸르트학파 1세대의 작업과 그에 대한 하버마스의 평가를 살펴보았다. 이는 프랑크푸르트학파 2세대의 대표자인 하버마스의 고민의 출발점을 살펴보는 데에 도움을 줄 수 있을 것으로 생각된다.

3장 '의사소통 행위이론'에서는 하버마스가 제시하는 의사소통 패러다임이라는 것이 무엇인지에 대해서 설명하였다. 여기서는 의사소통 주체, 행위, 이성이라는 구별에 입각하여 의사소통 패러다임의 내용을 폭넓게 소개함으로써 그의 의사소통 행위이론이 현대 철학의 논의 맥락에서 가지는 위상과 의미를 다각적으로 검토해보고자 하였다. 나아가 이는 4장에서 제시되는 그의 사회이론과 시대진단을 이해하기 위한 예비적 고찰의 성격도 갖는다.

　　4장 '생활세계 식민화와 토의 민주주의'에서는 본격적으로 현대 사회에 대한 하버마스의 진단과 대안을 살펴보았다. 여기서는 생활세계 식민화라는 그의 현대 사회에 대한 진단과 토의 민주주의라는 그의 실천적 대안이 구체적인 검토의 대상이 된다.

　　5장 '이후의 작업들'에서는 『의사소통 행위이론』 그리고 『사실성과 타당성』이라는 그의 주된 저서들이 발간된 이후 진행된 작업들을 간략히 소개하였다. 여기서는 크게 철학적 개입과 실천적 개입으로 이후의 작업들을 구분하고, 그 전반적인 흐름들을 핵심적으로 소개하고자 했다. 먼저 철학적 개입과 관련하여서는 그가 의사소통 패러다임을 어떻게 공고화하고 보완하여 나갔는지에 관심을 집중하였다. 다음으로 실천적 개입에서는 탈국민국가의 도전이라는 맥락에 주목하면서 그의 이후 작업들을 소개하고자 했다.

6장 '하버마스와 한국사회'에서는 먼저 한국사회의 변화 과정을 염두에 두고 한국에서 진행된 하버마스 수용사를 소개하였다. 다음으로는 하버마스의 작업에 대한 평가를 제시하였고 이에 기초하여 향후 하버마스 연구의 과제를 한국사회 현실을 염두에 두면서 제시해 보았다.

3장과 4장은 하버마스의 의사소통 패러다임과 사회이론에 대한 이해라는 이 책의 가장 중요한 목적을 위해서 상대적으로 자세히 서술하고자 하였다. 1장과 5장은 이러한 핵심 작업에 이르는 연구 과정, 그리고 이후에 진행된 연구 작업의 전반적인 흐름을 소개하고 있다. 각 시기별 주제와 관련된 핵심적 문제의식과 저작들을 소개해 둔만큼 관심 있는 독자들이 향후 연구를 위해 참조할 수 있을 것이다.

마지막으로 6장에서는 한국사회현실에 착안하여 하버마스의 그간의 작업에 대한 나름의 평가를 시도해 보았으며, 또한 그의 의사소통 패러다임 자체와 관련된 핵심적인 논란들도 간략히 소개해 둔만큼 그의 작업 전반에 대한 비판적 성찰의 계기를 제공할 수 있을 것이다.

1

생애와 저술

위르겐 하버마스Jürgen Habermas, 1929- 는 현재 그의 모국인 독일은 물론 유럽 전체를 대표하고 있는 사회철학자다. 그는 또한 근 한 세기에 걸쳐 비판이론의 전통을 고수하고 있는 프랑크푸르트학파 2세대의 대표자이기도 하다. 프랑크푸르트학파는 1세대인 호르크하이머, 아도르노, 벤야민, 마르쿠제, 프롬 등에 이어 하버마스로 대표되는 2세대로 이어졌고, 현재는 3세대인 호네트가 중심이 되어 비판이론의 새로운 발전 방향을 모색하고 있다.

하버마스는 유소년기에 히틀러의 지배와 2차 세계대전을 경험하였다. 특히 그는 2차 세계대전이 끝나가던 무렵 잠시 나치의 청년 조직이었던 히틀러 유겐트의 일원으로 복무하기도 하였다. 당시 독일은 1933년 나치집권 이후 전체주의의 광기에 휩싸여 있었으며, 이로 인해 유대인 집단학살이라는 반문명적 사건이 발생하였다. 그리고 1945년 2차 세계대전에서 독일이 패망한 후 서독과 동독은 분단된다. 해방 이후 분단된 한국이 아시아에서 냉전의 최전방에 놓여 있었다면, 당시 서독은 유럽에서 냉전의 최전방에 서 있었다. 이후 서독은 분단과 패전의 폐허 위에서 급격한 경제성장과 서방화 과정을 겪게 된다.

어린 시절 경험한 전체주의 체제의 광기와 전쟁의 참상에 대한 기억, 그리고 전후에 본격적으로 체득하게 된 이에 대한 비판적 인식은 많은 독일인들에게 그러했듯이 하버마스의 사유에도 커다란 영향을 미칠 수밖에 없었다. 그리고 과거 독일 민족이 저질렀던 치명적인 정치적 과오에 대한 비판적 의식은 인간의 이성과 자유를 향한 그의 깊은 열망 속에 지속적으로 투영되었다.

전후 쾨팅겐, 취리히, 본 대학에서 철학, 역사학, 경제학, 심리학 등을 공부하던 하버마스가 독일 지식계에서 처음으로 주목을 받게 된 계기는 1953년 독일 철학의 거장 하이데거를 비판한 신문 기고문을 통해서다. 거기서 그는 하이데거의 철학 내부에 잠복하고 있는 나치 이데올로기가 아무런 반성도 없이 전후에도 여전히 지속되고 있음을 강력히 비판하였다. 그리고 이러한 비판은 단지 하이데거 철학을 넘어서 전후 독일 지식계의 태도 전반을 문제 삼는 것이었다.

직접적인 문제가 되었던 것은 아무런 반성도 없이 하이데거의 1935년 강의인 『형이상학 입문』이 재출판된 것이었지만, 하버마스는 이를 계기로 전후 독일사회에서 나치역사에 대한 침묵과 망각이 일반화된 것을 문제 삼고자 했다. 이러한 일화를 통해서 우리가 미루어 짐작할 수 있듯, 이후에도 하버마스는 강단의 학자이면서도 언제나 사회적 현실에 관심을 유지하면서 주저 없이 공적인 발언을 지속해 왔다.

이후 하버마스는 1954년 본 대학에서 셸링에 관한 연구로 박사 학위를 취득한다. 스스로 회고하고 있는 바와 같이 당시까지 그는 주로 독일의 특수한 학문적 풍토 속에 갇혀 있었으며, 그중에서도 특히 하이데거 철학의 영향을 많이 받고 있었다. 물론 앞서 서술하였듯이 이미 1953년 즈음부터 그는 하이데거의 철학적 영향력에서 벗어나기 시작한 것으로 보인다.

그는 학위 논문을 작성한 이후 잠시 좌파적인 입장에서 사회적 문제들을 다루는 저널리스트로 활동하기도 한다. 그러나 1956년 프랑크푸르트 사회조사연구소에서 아도르노의 조교로 활동하기 시작하면서 비판이론 전통과 비로소 밀접한 관계를 맺게 된다. 이를 계기로 그는 프랑크푸르트학파 1세대들의 학문적 성과들과 마르크스주의 연구에 집중하였다. 또한 그는 이 외에도 이 시기에 다양한 사회학적 주제들과 프로이트의 정신분석학에 대한 연구에도 착수하게 된다.

이러한 연구 성과를 바탕으로 그는 1962년에 오늘날까지도 폭넓은 지적 영향력을 발휘하고 있는 그의 교수자격 논문 『공론장의 구조변동』을 출간한다.* 18-9세기 유럽 공론장의 형성 과정과 뒤이은 쇠퇴의 경향을 다룬 이 책은 이후 공론장이 가지는 현실에 대한 규범적 비판 및 정당화 기능과 관련하여 중요한 고전으로 남게 된다. 이 책이 공론장에서 이루어지는 민주적 의사소통에 주목하고 있다는 점에서 그를 상징하는 '의사소통 행위이론'에 대한 지향은 이미 이 저서에서도 암시되고 있다고 할 수 있다.

하버마스가 본격적으로 프랑크푸르트학파 2세대로 활동하게 된 것은 1964년 그가 호르크하이머의 후임으로 프랑크푸르트 대학 교수로 취임한 이후부터라고 할 수 있다. 여기서

---

* 위르겐 하버마스, 한승완 옮김, 『공론장의 구조변동』, 나남, 2001.

잠시 하버마스라는 인물 그리고 그의 사상과 결코 분리될 수 없는 프랑크푸르트학파의 역사에 대해서 간략히 살펴볼 필요가 있을 것으로 보인다.*

오늘날 국제적으로 커다란 영향력을 발휘하고 있는 사회조사연구소Institute für Sozialforschung는 프랑크푸르트학파의 산실이라고 할 수 있으며, 1923년 펠릭스 바일에 의해 독일 프랑크푸르트에 설립되었다. 그는 폴록, 루카치, 코르시 등 당대의 대표적인 마르크스주의자들과 공동연구를 수행해왔던 인물이기도 하다.

그러나 이 연구소가 본격적으로 자신의 지적 전통을 활성화한 것은 1931년 호르크하이머가 소장으로 취임한 이후부터라고 할 수 있다. 이때부터 사회철학의 주도하에 사회학, 경제학, 역사학, 심리학을 망라하는 학제적 사회비판 기획이 본격적으로 시도되기 시작하였기 때문이다. 이를 통해 비판이론 1세대들은 당대의 억압적 사회현실을 비판하고 대안적 사회상을 모색해 나가기 시작한다. 당시의 핵심 연구 주제들로

* 아래 설명에 대해서는 연구모임 사회비판과 대안 엮음, 『프랑크푸르트학파의 테제들』, 사월의 책, 2012의 편집자 서문 참조.

는 독점자본주의 등장에 대한 정치경제학적 연구, 개인의 복종적 성격 형성에 대한 사회심리학적 연구, 이데올로기적 대중문화 확산에 대한 문화이론적 연구 등을 들 수 있다. 그리고 이러한 작업에 주도적으로 참여한 인물들로는 호르크하이머, 폴록, 뢰벤탈, 아도르노, 프롬, 마르쿠제, 벤야민, 노이만, 키르히만 등을 들 수 있다.

그러나 1933년 나치정권 등장 이후 유대인들이 중심이 되어 사회변혁의 방향을 모색하던 사회조사연구소는 결국 폐쇄되고 만다. 이러한 불행한 상황 속에서도 사회조사연구소는 미국의 뉴욕으로 이주하여 연구 활동을 지속한다. 1세대들은 이러한 비극적 현실 속에서 나치의 등장, 스탈린 체제하의 전체주의화된 사회주의, 대중소비사회인 미국의 현실 등에 대해 근본적인 비판을 시도하게 되며, 이러한 성찰의 성과는 결국 『계몽의 변증법』(1947)이라는 역작으로 압축되어 발표된다.*

2차 세계대전 종전 이후 사회조사연구소의 주요 인물들이 독일로 다시 귀국하였고, 그들은 당시 독일사회의 현안이 되

---

* M. 호르크하이머, Th. W. 아도르노, 김유동 외 옮김, 『계몽의 변증법』, 문예출판, 1995.

었던 노동자들의 경영참여 문제와 대학교육에 대한 주제에 관심을 두게 되었으며, 하버마스 역시 이러한 연구에 동참하게 되면서 프랑크푸르트학파의 일원으로 활동하게 된다.

1964년 프랑크푸르트 대학 교수 취임 이후 하버마스는 매우 다양한 주제영역에서 활발한 연구 활동을 진행하였다. 회고적으로 고찰해 본다면, 이 시기에 그를 대변하는 의사소통 행위이론 체계를 구축하기 위해 이미 다양한 주제영역에 대한 예비적 고찰들이 풍부하게 진행되었다고 할 수 있다. 왜냐하면 이후 다양한 변화가 있었음에도 불구하고, 근대화 과정에 대한 해명, 현대 사회에서 과학기술의 역할과 한계, 비판이론에 대한 방법론적 해명, 변화된 환경 속에서 비판이론의 역할, 시장 및 관료 체계와 의사소통적 사회통합 양식 사이의 관계, 일상 언어에 대한 화용론적 탐구, 다원적 이성과 보편적 타당성 문제 등에 대한 고찰들이 이 시기에 진행되었기 때문이다.

이 시기에 하버마스는 실증주의에 반대하는 입장에서 아도르노와 포퍼 사이의 실증주의 논쟁에 적극적으로 개입하여 일련의 글들을 발표하기도 하였다. 여기서 그는 인간의 모든 지식을 과학적 지식으로 환원하고자 하는 과학주의적 흐름에 맞서서 과학의 가치중립성을 논파하고, 나아가 그것이 함축하는 기술관료 지배 이데올로기를 폭로하였다. 당시 하버마스는 먼저 인간의 모든 인식이 결코 과학적 인식으로 환원될 수 없으며, 과학적 인식은 인간의 특정한 인식 관심이나 가치를 전제할 수밖에 없다는 사실을 강조하였다. 또한 그는 실증주의가 주장하는 가치중립성이 지닌 이데올로기적 성격, 즉 기술관료주의에 대한 옹호라는 부정적 효과에도 주목하였다.

과학주의와 실증주의에 대한 이러한 비판의식은 이후 그의 학문적 입장에서도 변함없이 지속된다. 현존하는 사회에 대한 비판을 목적으로 하는 사회비판이론이 성립하기 위해서는, 인과적 설명에 기초한 과학적 지식과 구별되는 규범적이고 비판적인 인식의 보편적 토대를 설정하는 것이 반드시 필요하다. 그 때문에 모든 지식을 과학적 인식으로만 환원하는 과학주의를 넘어서는 것은 그에게 있어 불가피한 과제일 수밖에 없었다.

물론 우리는 과학주의에 대한 이러한 반대가 하버마스를 반과학주의로, 즉 과학적 성과들 자체에 대한 회의로 인도하지는 않았다는 점을 반드시 기억해두어야 한다. 그는 과학적 인식과 합리성의 전일적 지배에만 반대하고자 했을 뿐, 과학 그 자체의 고유한 역할과 기여에 반대한 것은 결코 아니었기 때문이다.

과학주의, 실증주의에 맞선 이러한 논쟁과 더불어 다른 한편으로 하버마스는 해석학 전통을 대표하는 가다머라는 거장과 함께 해석학 논쟁을 촉발하기도 하였다. 잘 알려져 있는 바와 같이 해석학은 자연과학에 맞서 정신과학의 독자성 내지는 보편성을 강조하여 왔다. 자연과학이 자연에 대한 인과적 '설명Erklärung'을 지향하는 반면에 정신과학은 인간 정신에 대한 '이해Verstehen'를 지향한다는 점에서 근본적인 차별성이 존재한다는 것이다. 이런 점에서 보면, 즉 과학주의와의 대결이라는 구도에서만 보면 하버마스와 해석학 전통은 공동의 진영에 속한다고 볼 수 있다.

그러나 하버마스의 불만은 가다머의 해석학이 전통과 권위를 지나치게 강조한 나머지 이에 대한 인간의 비판적 반성능력을 위축시킨다는 데에 있었다. 전통이나 일상적인 의사소통이 지배관계를 통해 체계적으로 왜곡되어 있을 수 있기 때문에, 이를 극복하기 위해서는 반드시 더욱 근본적인 비판이

성립할 수 있어야만 한다는 것이다. 물론 이러한 비판에 대해 가다머는 모든 비판이 결국 전래된 언어적 지평에 대한 숙고 속에서만 비로소 가능하다는 입장에서 이에 응답하였다. 이후 이러한 논쟁은 대립을 넘어 상호 간의 입장을 수용하는 방향으로 영향을 주었으며, 하버마스는 이를 통해 소위 '언어적 전회', 즉 의식철학에서 언어철학으로의 전회를 더욱 심화하게 된 것으로 보인다.

과학주의의 한계를 극복하는 동시에 해석학의 보수성을 넘어서는 사회비판의 방법론에 대한 그의 모색은 1968년 발표된 『인식과 관심』에 집약되어 있다.* 이 저작에서 그는 인간의 모든 인식의 기초가 되는 세 가지 인간학적 토대, 즉 '인식 관심'을 제시한다. 객관적 세계에 대한 예측과 통제에 대한 기술적 관심, 상호주관적 의사소통을 통해 성립하는 사회적 삶의 재생산에 대한 실천적 관심, 모든 잘못된 사회적 제약들로부터 우리 자신과 사회를 자유롭게 하고자 하는 해방적 관심이 바로 그것이다.

---

* 위르겐 하버마스, 강영계 옮김, 『인식과 관심』, 고려원, 1996.

이를 통해 그는 과학적 인식 및 해석학적 인식의 의미와 한계를 밝히고 동시에 이를 넘어서는 해방적 관심의 영역을 설정함으로써 인간의 이성이 가지는 다차원성을 체계화하는 동시에 사회비판의 인식론적 기초를 확립하고자 하였다. 그는 과학과 해석학의 공존을 모색하는 한편, 프로이트의 정신분석학 논의를 차용하여 이러한 기존의 접근들로 환원될 수 없는 해방적 관심의 가능성을 정초하기 위해서 주력하였다.

이렇게 다양한 학술적 논쟁을 전개하면서도 하버마스는 대학개혁과 민주화에 대한 논의에도 적극적으로 참여하였으며, 이로 인해 68혁명 당시 청년 학생들에게도 큰 영향을 미치게 된다. 그러나 역설적이게도 프랑크푸르트학파와 하버마스는 당시 학생운동의 비민주성을 '좌파 파시즘'으로 비판하면서 학생운동의 비판의 표적이 되었다. 당시 하버마스는 학생운동 자체에는 우호적이었지만, 그 운동이 혁명에 대한 환상 속에서 폭력적이고 비민주적인 형태를 취하는 것에 대해서는 매우 비판적이었다. 이에 반발하여 당시 학생들은 사회조사연구소를 점거하였으며 그 와중에 아도르노가 사망하게 된다. 그리고 결국 하버마스 역시 바이체커 소장의 제안에 따라

1971년 프랑크푸르트 대학을 떠나 막스 플랑크 연구소로 가게 된다.

막스 플랑크 연구소에서의 이후 10여 년 간에 걸친 작업들은 그를 대표하는 '의사소통 행위이론'을 체계화하기 위한 본격적인 준비 과정이었다고 할 수 있다. 막스 플랑크 연구소 시절 그는 약 15명의 공동 연구자들의 조력을 받으면서 과학기술시대의 삶의 조건에 대한 폭넓은 연구를 수행할 기회를 얻게 된다. 그리고 이 기회로 인하여 그는 풍부한 경험적 연구 자료와 방법론을 통해 『인식과 관심』에서 주조를 이루었던 인식론적이고 방법론적인 논의 수준을 넘어 사회이론 차원에서 비판이론의 내용을 더욱 구체화할 수 있게 된다.

이 시기에는 도덕이론, 자아이론, 언어이론, 후기 자본주의 분석, 역사이론 등에 대한 폭넓은 연구들이 진행되었으며, 이러한 성과들은 『후기 자본주의 정당성 문제』(1973), 『역사유물론의 재구성』(1976) 등의 저작으로 발표되었다.* 먼저 그는 『후

---

* 위르겐 하버마스, 임재진 옮김, 『후기 자본주의 정당성 문제』, 종로서적, 1983, 그리고 『역사유물론의 재구성』은 그 내용 중 일부가 장은주 옮김, 『의사소통의 사회이론』, 관악사, 1995에 실려 있다.

기 자본주의 정당성 문제』에서 마르크스주의의 위기 개념을 변화된 사회경제적 조건 속에서 새롭게 해석하면서, 후기 자본주의 사회에 내재하는 위기 경향들을 분석하였다. 여기서 그는 후기 자본주의 사회에서 경제에 대한 정부의 개입이 한편으로 경제 위기를 완화시키지만, 다른 한편으로는 자본의 이익을 일방적으로 반영하게 되면서 정부 개입의 정당성에 위기를 초래할 수밖에 없다는 사실에 주목하였다. 또한 『역사유물론의 재구성』에서는 생산 패러다임에 구속되어 있는 마르크스주의 역사유물론의 한계를 극복하는 방향에서 사회진화에 대한 새로운 관점을 정립하기도 한다.

그리고 다양한 분야의 연구 결과는 마침내 1981년 두 권으로 이루어진 그의 대표작 『의사소통 행위이론』으로 새롭게 집대성된다.* 이 역작을 통해 그가 제시하는 의사소통 행위이론이 전면적으로 체계화되면서, 이 저작은 철학과 사회학은 물론이고 그 이외의 매우 폭넓은 영역들에서도 뜨거운 관심과 논의 대상으로 부상한다.

---

* 위르겐 하버마스, 장춘익 옮김, 『의사소통 행위이론 1, 2』, 나남, 2006.

이 저작은 비판이론의 규범적 토대 확립을 위한 의사소통 합리성 이론, 근대화 과정 전반에 대한 사회이론적 해명 그리고 생활세계 식민화론으로 대표되는 현대 사회에 대한 비판적 진단을 체계적으로 종합함으로써 마침내 프랑크푸르트학파 1세대들의 작업에 대한 새로운 대안을 완성된 형태로 제시하게 된다.

이후 하버마스는 1983년 프랑크푸르트 대학으로 복귀하였고, 1985년에는 자신이 새롭게 정립한 의사소통 패러다임에 기초하여 포스트모더니즘 논쟁을 본격화하는 『현대성의 철학적 담론』을 발표하게 된다.* 이 저작을 통해 1980년대 들어 전 세계적인 영향력을 발휘하게 되는 프랑스 철학계 중심의 포스트모더니즘 조류에 대해 치밀한 분석과 비판적 평가를 제시함으로써 그는 이성비판을 둘러싼 현대적 논쟁의 중심에 서게 된다.

이러한 논쟁의 와중에도 하버마스는 자신이 제시한 의사소통 패러다임에 기초하여 담론윤리와 그에 기초한 민주주의

---

* 위르겐 하버마스, 이진우 옮김, 『현대성의 철학적 담론』, 문예출판사, 1994.

이론을 제시하는 새로운 작업에 집중하였다. 담론윤리의 핵심은 관련된 모든 당사자들이 자유롭고 평등한 논의를 통해서 동의할 수 있는 행위규범들만이 정당화될 수 있다는 '담론원칙'을 정립하고, 이를 통해 보편적 도덕규범의 성립가능성을 확보하여 도덕적 회의주의와 상대주의를 논박하는 데에 있다. 그리고 이러한 원칙을 정치 영역에 적용하면, 당사자들의 자유로운 참여와 합리적 토론을 핵심으로 하는 토의 민주주의 이론이 성립하게 된다.

이러한 작업과 구상들은 마침내 1992년 그의 두 번째 대표작이라고 할 수 있는 『사실성과 타당성』으로 이어지게 된다.[*] 이 저작에서 그는 법이라는 매체를 통해 오늘날 민주주의를 실현할 수 있는 길을 모색한다. 하버마스에 따르면, 법은 그 자체가 민주주의 성립을 위한 전제일 뿐만 아니라 민주적으로 형성된 의지를 통해 자본주의 시장과 행정관료 체계를 제어할 수 있는 유일한 수단이기도 하다. 그 때문에 이 저작에서 그는 근대법 일반이 가지는 성격에 대한 탐구와 더불어 토

---

[*] 위르겐 하버마스, 한상진·박영도 옮김, 『사실성과 타당성』, 나남, 2000.

의 민주주의 이론을 제시하고 여기서 시민사회와 공론장의 역할이 무엇인지를 해명하는 데에 주력하고 있다. 1994년 프랑크푸르트 대학에서 퇴임한 이후에도 그는 한편으로는 자신의 기존 논의들을 보완해 나가는 동시에 새로운 실천적 주제들에 개입하면서 활발한 저술활동을 벌여 왔다.

먼저 그는 1999년 발간된 『진리와 정당화』를 통해 한동안 소홀하게 취급되었던 철학적 논의들을 검토하면서 자신의 입장을 보완하고자 하였다.* 또한 2001년에는 『인간이라는 자연의 미래』를 출간하여 유전적 개입을 통해 인간의 자유가 훼손될 수 있음을 경고하기도 한다.** 이 외에도 그는 다양한 저작들을 통해서 지구화, 유럽통합, 이라크전쟁 등 당대의 정치적 현안들에 지속적으로 개입하여 왔으며, 최근에는 종교문제에도 새로운 관심을 기울이고 있다.

지금까지 간략히 살펴본 바와 같이 하버마스의 사상은 2차 세계대전 이후 오늘날까지 긴 시간 동안 매우 다양한 주제영역들에서 전개되어 왔다. 그의 사상은 한편으로 이 긴 시기

* 위르겐 하버마스, 윤형식 옮김, 『진리와 정당화』, 나남, 2008.
** 위르겐 하버마스, 장은주 옮김, 『인간이라는 자연의 미래』, 나남, 2002.

동안의 사회변화를 반영하는 동시에 다른 한편으로는 철학, 사회학, 경제학, 심리학 등 다양한 학문 분야의 성과들을 반영하고 있기도 하다. 게다가 그의 사회철학적 입장은 포퍼, 가다머, 루만, 그리고 다양한 현대 철학자 등 수많은 이론적 거장들과의 논쟁들을 통해 형성되고 표명되어 왔다.

그럼에도 불구하고 하버마스 사상의 핵심을 찾는다면, 아마도 이성적 대화 가능성에 대한 확고한 믿음이 아닐까 싶다. 그는 지속적으로 나와 너의 합리적 대화를 통해 갈등을 넘어선 공존과 화해의 가능성을 모색해 왔고, 그의 사회이론은 물론 민주주의 이론 역시 이러한 근본 직관에 의거하여 발전시켜 왔기 때문이다.

하버마스의 방대한 작업을 소개하는 짧은 글에서 너무 많은 욕심을 낼 수는 없다. 이러한 이유로 아래에서는 모든 사회철학자들의 핵심적인 고민이라고 할 수 있는 '시대진단'과 '대안 제시'라는 틀을 중심으로 그의 사상을 소개해보고자 한다. 그의 시대진단은 '생활세계 식민화론'으로, 실천적 대안은 '토의 민주주의 이론'으로 집약될 수 있다. 그러나 이러한 그의 구상을 제대로 이해하기 위해서는 그러한 구상이 어떠한 기존의 논의들을 배경으로 형성되었고, 또한 그것이 어떠한 철학적 토대 위에서 제시되고 있는지를 먼저 살펴볼 필요가 있다.

2

의사소통 행위이론을 향하여

모든 사상가들이 그러하듯이 하버마스 역시 결코 진공상태에서 그의 사유를 출발한 것이 아니다. 앞서 언급한 바와 같이 그는 프랑크푸르트학파 2세대로 칭해지고 있으며, 이는 그가 1세대들의 고민을 이어받으면서도 전 세대들의 이론적, 실천적 한계를 넘어서고 있음을 말해 준다. 그 때문에 이 장에서는 먼저 그에게 사회철학적 고민의 출발점을 던져 주었던 프랑크푸르트학파 1세대들의 문제의식과 시대진단 그리고 실천적 대안은 무엇이었으며, 또 이에 대한 하버마스의 평가는 어떠한지에 대해서 살펴보고자 한다.

　1920-30년대 초기 비판이론의 기획은 마르크스주의 역사유물론을 그 토대로 하고 있었다. 당시 그들은 자본주의 사회를 지양하는 사회주의 사회가 결국 도래하게 될 것이라는 역사철학적 신념 속에서 철학의 주도하에 사회학, 경제학, 역사학, 심리학 등이 공동으로 참여하는 학제 간 사회연구를 기획하고자 하였다. 특히 그들은 어떤 상황 속에서 파시즘이 출현

하였고, 어떤 요인들이 사회주의를 지향하는 역사의 해방적 과정을 지연시키고 있는지를 주로 해명하고자 했다. 그렇지만 그들의 이러한 시대진단 방식은 2차 세계대전의 참화를 체험하면서 급격히 변화했으며, 그 결과는 결국 호르크하이머와 아도르노의 공동저작인 『계몽의 변증법』에서 압축적으로 표현되었다.

『계몽의 변증법』의 두 저자들은 이제 생산력의 발전, 나아가서 문명화 과정 자체를 더 이상 인간해방을 실현하는 진보의 과정으로 평가하지 않게 된다. 해방적인 사회주의로 나아가는 역사의 필연적 진보에 대한 신화는 이제 사라져 버렸고 미래는 매우 의심스러운 것이 되어 버렸다는 것이다. 이제 그들은 자본주의든 사회주의든 문명화된 현실 전체가 야만에 빠져 있으며, 또 야만으로 빠져 버릴 수밖에 없었다는 비관적 시대진단을 제시하게 된다. 물론 이러한 그들의 시대진단은 2차 세계대전 이후 서구적 합리성과 근대화에 대한 근본적 회의가 확산되는 과정과도 그 궤를 같이하고 있는 것으로 보아야 할 것이다.

그러나 이러한 급진적이고 비관적인 그들의 현실 진단은 단순히 당시의 시대적 분위기를 감지하는 것을 넘어서 인간의 개념적 인식과 노동이라는 범주 자체에 대한 근원적인 철학적 반성에 기초하고 있었다. 그들은 개념에 근거한 인간의 사유와 실천적 활동 모두가 이미 그 내부에 지배와 도구화의 논리를 담고 있다는 급진적 주장을 제시하게 된다.

이미 헤겔은 근대 시민사회의 분열을 극복하는 것을 자신의 철학적 과제로 삼았으며, 마르크스는 유물론적 현실비판을 통해서 이러한 비판의식을 더욱 급진화하였다. 그러나 근대 자본주의 사회 현실에 대한 이러한 비판에도 불구하고, 헤겔과 마르크스는 인간의 역사를 본질상 자유의 실현 과정으로 보고 있었다. 헤겔은 인간의 역사를 정신의 자유가 실현되는 과정으로 보았으며, 마르크스 역시 인간의 실천적 노동을 유적 존재인 인간의 자기실현 행위로 보면서 인간해방의 실현을 추구했다.

그러나 헤겔이나 마르크스의 경우와 달리 『계몽의 변증법』의 저자들은 인간의 노동이나 개념적 사유를 더 이상 인간의 자유를 실현하는 과정으로 보지 않는다. 이제 그들은 사유와 노동 그리고 그것의 지침과 기준이 되었던 '이성' 자체도 결국에는 인간 주체의 이기적 자기보존과 극대화를 실현하기 위한 전략적인 수단에 지나지 않는다고 폭로하고 선언한다.

인간의 이성이란 인간의 자기보존 행위가 가지는 효율성을 극대화하기 위한 수단에 불과하다. 인간이 자연으로부터 배우고 싶어 하는 것은, 자연과 인간을 완전히 지배하기 위해서 자연을 이용하는 법일 뿐이다. 사유와 노동이라는 인간의 이론적이고 실천적인 행위 전체가 타자에 대해 가지는 폭력적이고 지배적인 성격이 이제 근본적인 철학적 반성의 대상이 된다. 타자에 대한, 나아가서는 자기 자신에 대한 지배의 지침이 되는 근대적 합리성을 호르크하이머와 아도르노는 '도구적 이성instrumentelle Vernunft'이라고 명명한다. 비판이론 1세대의 사유는 헤겔이나 마르크스의 비판정신을 이어받고 있지만, 그들의 비판을 사유와 노동 그리고 이성 자체에 대한 비판으로 급진화하고 있다는 점에서 그 고유성을 지닌다고 할 수 있다.

이제 비판의 목적은 더 이상 상실된 사회통합의 힘을 재건하거나 분열된 대립을 화해시키는 데 있지 않다. 당시 비판이론 1세대들이 처한 상황은 역사의 진보에 대한 그 어떤 낙관적인 기대도 허용하지 않았다. 계몽에 대한, 이성에 대한 낙관은 이제 불가능한 것이 되어 버렸다. 현실에는 엄청난 재앙들과 어두운 그림자들만이 존재한다. 나치 치하의 전체주의적인 독일의 현실이나 그들의 망명지였던 미국에서 실현된 자본주의의 끔직한 풍요와 소비 지향적 대중문화 속에서, 그리고 스탈린 체제 속에서 변질되어 버린 사회주의의 현실에서 그들은 더 이상 그 어떠한 희망도 발견할 수 없었다. 더 이상 현존하는 탈출구는 없다. 자본주의 체제가 되었든 사회주의 체제가 되었든 현대 문명 전체는 급속한 쇠락의 경로를 걷고 있다는 것이다.

이들의 급진적 비판은 이제 계몽적 사유 일반으로 확장된다. "계몽은 사물에 대해, 독재자가 인간들에 대해 취하는 태도를 취한다. 독재자는 그가 인간들을 조작할 수 있는 한에서만 인간들을 안다. 과학적인 인간은 그가 사물을 만들 수 있는 한에서만 사물들을 안다. 이를 통해 즉자적인 사물은 인간을 위한 사물이 된다." 이제 인간의 모든 개념적 인식과 행위자체가 주체의 타자에 대한 지배 욕구를 통해서 해석되기 시작한다. 그리고 이에 따라 현실비판 역시 더욱 더 총체화되어나간다.

현실에 팽배한 소외와 사물화 현상들은 이제 더 이상 상품의 물신성에 대한 분석을 통해서 해명되지 않는다. 마르크스는 『자본론』의 첫 장에서 화폐로 완성되는 교환가치의 자립화에 대한 통찰을 기반으로 상품의 물신성에 대한 분석을 시도했다. 이는 상품이 자립화되어 인간과 대립하고 인간을 지배하게 되는 것은 자본주의 시장과 상품관계에서 기인하며, 따라서 자본주의 체제가 극복되면 더 이상 소외나 사물화도 존재하지 않게 된다는 것을 의미한다. 결국 인간의 소외나 사물화는 자본주의라는 특정한 사회체제에서만 발생하는 문제라는 것이다.

그러나 호르크하이머와 아도르노는 더 이상 이러한 마르크스의 유물론적인 현실 독해 방식을 추종하지 않는다. 이제 오히려 자본주의적 상품 교환의 형식 자체와 사물화 현상이 무역사적인 동일성 원리를 통해서 설명된다. 인간의 소외나 사물화는 인간 사유의 근본 형식인 동일성 원리에서 기인하며, 그러므로 이러한 현상은 불가피하다는 것이다. 이와 같이 그들의 급진적 비판은 인간의 모든 사유와 행위 영역 전반으로, 즉 역사 전체로 확장되어 나간다.

"시민사회는 등가물에 의해 지배된다. 시민사회는 동일하지 않은 것을 추상적인 크기로 환원함으로써 비교 가능한 것으로 만든다. 계몽에게 숫자로 환원될 수 없는 것, 나아가 결국에는 하나로 될 수 없는 것은 가상이 되어 버린다. 근대의 실증주의는 이런 것들을 문학 속으로 추방해 버린다. 통일성은 파르메니데스로부터 러셀에 이르기까지 제시되어 온 표어였다. 신들과 질의 파괴는 지속적으로 고수된다."

자본주의 사회에서 상품의 가격이 양적인 차이로만 표시되듯이, 인간의 이성은 모든 질적인 차이를 양적인 차이로 환원한다. 그리고 이러한 현상은 서양의 고대 철학자인 파르메니데스의 사유에서나 현대 철학자인 러셀의 사유에서나 마찬가지로 나타난다. 결국 고대에서 현대까지 인간 사유의 발전은 단지 계산적인 이성의 발전 과정에 불과하다.

이러한 진단에서는 현실과 이론을 유물론적으로, 즉 구체적인 물질적 삶의 토대 속에서 읽어내라는 마르크스의 권고는 그 의미를 상실하게 된다. 이제 근대 시민사회, 즉 자본주의 사회의 등가원리는 고대 철학자인 파르메니데스의 동일성 사유의 사례이거나 산물에 불과한 것으로 이해될 뿐이다.

그 때문에 이들의 비판의 표적은 이제 특정한 시대적 현실 속에서 나타나는 구체적인 사회적 부정의, 예를 들어 노동자 계급에 대한 착취의 문제가 아니다. 그들의 비판은 이제 인간의 역사 전체로 확장된다. 그리고 현실에는 더 이상 그 어떤 탈출구도 없다. 『계몽의 변증법』의 관점에서 보면 이성의 자기 부정은 극단적으로 확장된 것처럼 보인다. 정치적, 사회적 제도와 일상적인 실천 모두에서 이제 이성은 흔적도 없이 사라져 버렸다.

『계몽의 변증법』에서 저자들은 문명화 과정을 자연에 대한 인류의 지배 과정, 자기화 과정으로 읽어낸다. 지배나 자기화라는 개념은 이미 타자에 대한 조작, 억압을 나타내고 있다. 인류 역사는 지배와 억압이 인간의 자연지배, 인간의 인간지배, 인간의 자기 내적 지배라는 세 측면에서 극대화되어 나타나는 과정일 뿐이다. 인간이 자연과 타인을 효과적으로 지배하기 위해서는 먼저 자기 자신의 다양한 내면적 충동부터 억압할 수밖에 없다. 세이렌의 유혹을 이겨내기 위해 자신의 몸을 돛에 묶었던 오디세우스의 예를 통해서 『계몽의 변증법』의 저자들은 자연지배와 타자지배가 이미 자기 자신에 대한 지배와 억압을 함축하고 있다는 사실을 상징적으로 보여준다.

이와 같이 인류 역사는 주체-객체, 즉 인간과 세계의 대립을 전제로 하여, 인간 주체가 객체를 일방적으로 지배하고 이러한 지배를 내면화시켜 나가는 과정으로 읽혀진다. 현실은 폭력적 지배의 현장이 되어 가고 있다. 이제 이들에게 남아 있는 유일한 과제는 이러한 총체적인 억압의 구조에 대해서 전면적인 비판을 행하는 것뿐이다.

그렇지만 이러한 비판은 애초부터 소박한 희망과는 거리가 먼 것일 수밖에 없다. 왜냐하면 이미 현실에는 이러한 비판을 수행할 이론적 기점이나 실천적 주체가 더 이상 존재하지 않기 때문이다. 인간의 모든 이성은 지배를 위한 도구에 불과하며, 더 이상 노동계급과 같이 역사의 해방을 가능하게 하는 주체는 존재하지 않는다. 그렇기 때문에 이러한 비관적 인식은 결국 인간 이성 자체에 대한 급진적인 회의로 귀결될 수밖에 없었다.

인간의 이성, 개념적 사유, 나아가서는 '학문Wissenschaft' 일반은 이제 자기보존을 위한 지배의 도구로만 평가된다. 인간의 모든 사유나 행위는 인간의 자기보존을 위한 도구적이고 전략적인 사유나 행위에 지나지 않는다.

『계몽의 변증법』의 이러한 철학적 입장과 시대진단은 근대적 이성의 한계와 파괴성에 대한 심각한 반성이 필요하다는 사실을 역설하고 있다. 호르크하이머와 아도르노는 쇠락하는 당대의 현실에 대한 민감한 감수성을 바탕으로 근대적 합리성에 내재하는 지배 본성을 간파하고, 그것이 산출하는 위험성을 날카롭게 지적하였다. 서구적 근대의 기획 자체를 타자에 대한 동일화와 지배의 기획으로 규정하는 이러한 시대진단은 오늘날 널리 유행하고 있는 탈脫근대적 시대비판의 핵심을 선취하고 있는 것으로 보인다. 그들의 비판이 이미 근대적 주체와 이성이 가지는 근본적 한계를 문제 삼고 있기 때문이다.

하버마스는 한편으로 프랑크푸르트학파 1세대들의 이러한 근본적 문제의식과 그것이 가지는 역사적 의의를 적극적으로 수용하고 있다. 왜냐하면, 도구적 이성과 효율성의 전면화와 지배는 오늘날에도 여전히 극복해야만 하는 핵심적인 과제라고 생각하고 있기 때문이다. 물론 과학기술과 자본주의 시장이 강조하는 경쟁과 효율성 논리를 전면적으로 거부할 수는 없지만, 그러한 일면적 논리가 인간의 모든 삶의 영역을 지배한다는 사실이야말로 오늘날 인간의 자유로운 삶에 심각한 위협이 되고 있다는 것이다.

이러한 인식하에서 그는 『계몽의 변증법』으로 압축되는 1세대들의 시대인식과 철학적 입장에 대해서 대체로 다음과 같은 비판적 평가를 내리고 있다. 1세대의 사회비판은 첫째, 철학적인 수준에서 볼 때 비판의 규범적 정당성을 확보하는 데서 실패하였으며, 둘째, 현실진단과 관련하여서는 민주주의 발전이 지니는 의미와 가치를 간과하였고, 셋째, 사회비판 기획을 추상적인 개념에 대한 철학적 비판의 차원으로 퇴행시켰다는 것이다.

첫째, 하버마스의 평가에 따르면, 1세대의 사회비판은 비판을 위한 규범적 근거와 토대를 확보하는 데서 실패하고 있다. 그들은 이성 전체를 주체의 자기보존 욕구에 기초한 도구적 이성으로 규정하고 일면화함으로써, 그들의 사회비판이 성립할 수 있는 지반 자체를 붕괴시키는 결과를 낳게 되었기 때문이다. 만일 인간의 이성 전체가 도구적 인식 능력으로 환원되어 버린다면, 이러한 이성의 도구화를 '이성적'으로 비판할 가능성 그 자체가 봉쇄될 수밖에 없다는 것이다.

하버마스의 '수행적 모순performative contradiction'이라는 개념은 총체적 이성비판 일반이 지닌 이러한 문제점을 공격하기 위한 대표적인 수단이라고 할 수 있다. 수행적 모순이란 비판을 제기하려는 사람이 가지는 의도와 그의 비판이 제시하고 있는 내용이 서로 상충하는 것을 의미한다. 총체적 이성비판은 그것이 이성에 대한 비판을 제기하려는 의도를 가지고 있음에도 불구하고 그 비판의 내용이 이성 전체를 부정하고 있기 때문에, 즉 이성 전체가 도구에 불과하다고 보고 있기 때문에, 결국 비판의 합리적이고 보편적인 근거 자체를 상실하게 된다는 것이다.

사실 하버마스는 이성 자체를 비판하면서 이성의 타자, 이성의 외부로 나아가려는 소위 포스트모더니즘의 시도 일반이 이러한 수행적 모순을 함축하고 있다고 생각하며, 그런 한에서 포스트모더니즘의 시도들은 결국 스스로의 정당성 근거를 확보하는 데 실패할 수밖에 없다고 보고 있다. 물론 아도르노나 포스트모더니즘의 입장에서는 모순을 배제하고자 하는 이러한 일관성의 요구나 하버마스가 끊임없이 강조하는 합의에 대한 요구 자체가 억압적이며 일방적인 요구라는 반박을 제시하기도 한다. 예를 들어 아도르노는 모순된 현실 속에서 요구되는 일관성 요구, 모순을 은폐하는 합의에 대한 열망은 기만적이고 억압적인 것에 불과하다고 주장하기도 한다. 그러나 사회비판이 주관적이고 상대적인 불만이 아니라 보편적으로 수용할 수 있는 정당한 비판으로 성립하기 위해서는 그러한 비판의 규범적 정당성 근거를 제시하는 작업을 회피할 수는 없을 것이며, 그런 한에서 1세대들의 작업에 대한 하버마스의 비판적 평가는 상당한 설득력을 가지고 있는 것으로 보인다.

하버마스에 따르면, 1세대들이 제시하는 이성에 대한 총체적 비판은 이와 같이 모순에 봉착하게 되는데, 그 근저에는 근대적 주체-객체 모델에 근거한 의식철학의 패러다임이 놓여 있다. 의식철학은 인간의 의식을 출발점으로 삼아서 세계를 해명하고자 하는 기획이다. 이러한 기획은 더 이상 의심할 수 없는 사유의 확실성에서부터 철학의 새로운 출발점을 확보하고자 했던 데카르트에게서 비로소 분명하게 드러난다. 이후 의식철학의 기획은 근대적 경험론과 합리론, 독일 관념론을 경유하여 후설의 현상학에 이르기까지 지속된다.

이러한 의식철학 패러다임에서는 능동적인 의식의 주체와 의식의 대상으로서의 객체가 구별될 수밖에 없으며, 이러한 구도 속에서는 결국 객체 일반에 대한 도구화의 문제가 강요될 수밖에 없다는 것이다. 이런 점에서 하버마스는 1세대의 비판이 가지는 한계는 결국 주체-객체 구도에 근거한 의식철학 패러다임의 한계에서 기인한다고 보고 있다. 그러므로 그는 이러한 한계를 돌파하는 방안으로 의식에서 언어로의 패러다임 전회를 요구한다.

둘째, 하버마스의 평가에 따르면, 1세대의 사회비판은 근대성의 한 축인 민주적 법치국가 발전이 가지고 있는 실천적 가치와 의미를 간과하고 있다. 하버마스에 따르면, 근대의 기획은 자본주의 발전과 더불어 민주주의 발전의 기획을 내장하고 있다. 그리고 근대 민주주의는 마르크스주의에서 주장하는 것과 같이 단지 자본주의를 정당화하기 위한 상부구조에 불과한 것이 결코 아니다. 민주주의 기획은 그 내부에 인간의 상호 공존과 자기 지배의 이념을 담고 있으며, 근대 민주주의 발전의 역사는 자본주의 시장의 일방적 지배에 맞서서 이러한 이념을 점진적으로 실현시켜 왔기 때문이다.

1세대들이 민주적 법치국가가 가지고 있는 이러한 긍정적인 역사적 의미를 전혀 보지 못한 것은 한편으로 도구적 이성 비판이라는 틀 자체에 의해 강요된 것이기도 하지만 이와 더불어 다른 한편으로는 1세대들의 시대 경험 자체가 가지는 한계 역시 큰 영향을 미쳤다고 할 수 있다.

먼저 인류의 문명화 과정 전체를 도구적 이성의 확장 과정으로 보는 1세대들의 사회비판 틀 자체는 다양한 차원의 사회 제도의 발전이 가지는 차별성과 고유한 특성들을 인식할 수 없게 만든다. 이러한 틀 속에서는 인간을 도구화하는 자본주의적 시장질서의 지배적 논리와 개인의 인권을 보호하는 법적 제도나 공적 자율성 실현을 위한 민주적 정치제도가 지니는 차별성과 고유성이 제대로 수용될 수 없기 때문이다. 민주주의적 법과 제도들이 가지는 고유한 기능과 의미를 올바로 포착하기 위해서는 모든 것을 도구적 이성의 제도화로 환원하는 것과는 구별되는 새로운 접근과 사회분석의 틀이 요구될 수밖에 없다.

물론, 1세대들의 이러한 한계는 그들이 경험한 비극적 시대 경험과도 밀접히 결부되어 있을 것이다. 앞서 살펴본 바와 같이 1세대들은 나치의 광기와 2차 세계대전의 참화, 전체주의적 사회주의, 미국의 대중소비사회라는 탈출구 없는 현실 경험에 직면하고 있었다. 반면에 2세대인 하버마스는 청년 시절과 그 이후 전후 서방화 과정을 통해 서독의 민주적 법치국가 체제가 확립되어 가는 과정을 직접 경험하였다. 이러한 시대 경험상의 차이 역시 그들의 시대진단에 커다란 영향을 미칠 수밖에 없었을 것이다.

셋째, 하버마스의 평가에 따르면, 『계몽의 변증법』이 제시하는 도구적 이성비판은 프랑크푸르트학파 1세대들이 초기에 제시했던 학제적 사회비판의 기획 자체를 후퇴시켰다. 앞서 언급한 바와 같이 비판이론 1세대들은 철학 주도하에 경제학, 사회학, 심리학 등이 결합하는 학제적 사회비판을 기획하였다. 이는 사회비판이라는 주도적 이념하에 제반 사회과학의 경험적인 연구 성과들을 적극적으로 수용하여 경험적인 설명력을 확보한 사회비판 이론을 제시하기 위한 것이었다.

그러나 『계몽의 변증법』은 인간의 모든 인식 일반을 도구적 지식으로 환원함으로써 이러한 비판기획 자체를 불가능하고 무의미한 것으로 만들었고, 결국 사회비판의 모든 부담은 철학적 이성비판이 홀로 감당할 수밖에 없게 되었다. 만일 제반 사회과학의 지식과 이론의 발전이 언제나 도구적 이성의 확장에 지나지 않는다면, 이러한 제반 학문들의 성과들은 사회 비판에는 전혀 기여하는 바가 없게 될 수밖에 없기 때문이다.

자본주의적 근대화의 역설에 대한 고찰을 넘어서 문명사 전체에 대한 근원적 반성을 시도하게 되면서, 역사와 현실에 대한 1세대들의 진단은 추상적인 철학적 개념의 수준으로 퇴행하였으며, 이로 인해 비판이론 기획의 중요한 한 축이었던 학제적 연구 역시 이제 무의미한 것이 되어 버린 것이다.

물론 앞서 언급한 바와 같이 이러한 비판적 평가가 비판이론 1세대의 문제의식 전체를 부정하는 것은 결코 아니다. 과학주의 비판이나 기술관료주의에 대한 비판에서 볼 수 있듯이 하버마스 역시 도구적 이성의 일면적 지배 경향에 대해서는 여전히 강력히 반발하고 있기 때문이다. 다만 그는 1세대들이 현실을 지나치게 비관적으로 진단하고, 비판을 전면화하였다는 점, 그리고 그러한 태도로 인해서 대안 없는 총체적 이성비판이 강요되고 있다는 점을 지적하고 있을 뿐이다.

비판이론 1세대들이 가지는 한계에 대한 이러한 하버마스의 평가는 다른 한편에서 보자면 향후 그 자신이 해결해야만 할 이론적 과제를 설정하고 있다고 볼 수 있다. 다시 말해 그는 1세대들의 한계를 넘어서기 위해 사회비판의 규범적 토대를 확보하고, 민주적 법치국가 발전이 가지는 의미를 해명하며, 이러한 방향에서 새로운 학제적 사회비판의 방식을 제시해야만 한다는 것이다. 그리고 프랑크푸르트학파의 일원이 된 이후 1981년 『의사소통 행위이론』이 출간되기까지 하버마스의 모든 작업들은 바로 이러한 문제의식 아래에서 새로운 사회비판을 위한 이론 체계를 구축하는 기나긴 준비 과정이었다고 말할 수 있을 것이다.

이를 위해서는 도구적 이성 및 행위와 구별되는 합리성 이론과 행위이론의 정립, 의식철학 패러다임을 극복하기 위한 언어적 전회, 다차원적인 근대성 이론과 새로운 사회이론의 모색, 그리고 이에 기초한 현실진단과 대안 제시 등과 같은 포괄적인 주제에 대한 접근이 반드시 필요하다. 앞서 그의 생애와 저술을 다루면서 살펴본 바와 같이 이미 1960년대부터 하버마스는 이를 위한 작업들을 다양한 영역에서 지속적으로 수행해 왔다.

세창사상가산책 | JÜRGEN HABERMAS

3

의사소통 행위이론

하버마스는 기나긴 준비 과정을 거쳐 마침내 1981년 『의사소통 행위이론』을 발간하였고, 이를 통해 프랑크푸르트학파 1세대들의 틀을 넘어서는 그 자신만의 고유한 현대 사회 진단과 비판을 체계적으로 제시하게 된다.

그런데 두 권으로 발간된 이 저작은 그 내용이 방대할 뿐만 아니라 구성 역시 매우 복잡하게 되어 있다. 우선 내용적으로 보면, 이 책의 논의는 합리성 이론과 행위이론은 물론이고 근대성과 현대 사회에 관한 이론까지도 포함하고 있다. 게다가 이 각각의 주제들에 관한 그의 입장과 주장들은 선행하는 많은 이론가들에 대한 비판적 재구성이라는 경로를 통해서 제시되고 있다. 베버, 루카치, 미드, 뒤르켐, 파슨스, 마르크스 등이 이 책에서 그가 비판적으로 검토하고 새롭게 재구성하고 있는 주요한 사상가들이다. 이러한 논의 방식으로 인해서 저술의 구성 역시 매우 복잡하게 전개되고 있다.

그러나 이러한 복잡한 내용과 구성에도 불구하고 결국 이

책의 핵심 내용은 첫째, 의사소통 행위와 의사소통 합리성 이론, 둘째, 체계와 생활세계의 구별에 입각한 이층위적 사회관과 그에 기초한 현대 사회 병리현상에 대한 진단으로 압축될 수 있다. 그리고 여기서 의사소통 행위개념은 그의 전반적인 사회이론과 현대 사회에 대한 비판적 진단을 뒷받침하는 역할을 수행하고 있다.

앞서 밝힌 바와 같이 현대 사회에 대한 그의 진단은 체계와 생활세계 개념에 기초한 '생활세계 식민화' 테제로 압축될 수 있다. 그리고 이에 대해서는 다음 장에서 구체적으로 살펴보게 될 것이다. 이 장에서는 이러한 고찰에 앞서서 하버마스가 제시하는 생활세계 식민화라는 시대진단, 나아가서는 그가 제시하고 있는 실천적인 대안을 이해하기 위해서 그러한 진단과 대안 제시 작업의 기초가 되는 의사소통 행위라는 개념에 대해서 먼저 살펴보고자 한다. 의사소통 행위개념이야말로 1세대들이 제시한 도구적 이성과 행위개념을 넘어서기 위한 새로운 출발점일 뿐만 아니라 그의 사회이론 전반을 뒷받침하고 있는 핵심개념이기 때문이다.

우선 우리는 의사소통 행위라는 개념을 '합리적 대화' 정도로 손쉽게 이해해볼 수 있겠지만, 이러한 피상적 이해만으로는 그 개념이 왜 그토록 중요한지, 또 그것이 어떤 의미를 가지고 있는지를 충분하게 파악할 수 없을 것이다. 이를 제대로 파악하기 위해서는 이 개념이 어떠한 논의의 맥락 속에서 도입되었고 또 어떤 방식으로 규정되고 있으며, 그것이 어떤 의미들을 담고 있는지를 더욱 상세하게 살펴볼 필요가 있다.

아래에서는 의사소통 행위개념이 가지는 이러한 다층적인 위상과 의미를 조명해 보기 위해서 의사소통 주체, 의사소통 행위, 의사소통 이성이라는 구분을 설정하여 의사소통 패러다임 전반에 대해 살펴보고자 한다. 일반적으로 패러다임이란 '세계를 이해하는 근본 틀' 정도의 의미를 갖는다. 과학철학자인 토머스 쿤은 천동설이나 지동설을 과학적 패러다임의 예로 들기도 하였다. 따라서 의사소통 패러다임이란 것은 이론의 근본 틀 자체가 변화하였다는 의미를 담고 있다. 하버마스의 논의 맥락에서 보자면, 이는 의사소통 패러다임이 근대적 의식철학 패러다임을 대체하였다는 것을 의미한다. 이는 그만큼 이론 틀 자체에서 커다란 혁신이 발생하였다는 뜻을 담고 있다.

사실 주체, 행위, 이성이라는 이러한 포괄적 구도 속에서 하버마스의 의사소통 패러다임이 가지는 다각적 의미를 해명하는 작업은 그의 주저인 『의사소통 행위이론』의 내용을 넘어서 산재해 있는 그의 철학적 논의들 전반에 대한 언급들을 참조할 수밖에 없는 작업이다. 그러나 하버마스의 의사소통 행위개념이 가지는 현재적 의미를 더 풍부하게 이해하기 위해서는 그의 의사소통 패러다임 전반에 대한 이해가 필수적으로 요구된다.

예를 들어 하버마스의 의사소통 패러다임이 주체의 죽음을 선언하는 현대적 논의들과 가지는 차별성이 무엇인지, 또한 그러한 패러다임이 과학주의나 탈脫이성을 선언하는 포스트주의와 가지는 차별성이 무엇인지를 정확히 해명하기 위해서는 의사소통 주체와 이성에 대한 논의가 필요할 수밖에 없는 상황이다. 그러므로 아래에서는 『의사소통 행위이론』에서 제시되는 의사소통 행위개념을 넘어서 거기에 내포되어 있는 의사소통 주체와 의사소통 이성개념을 주제화하면서 하버마스의 의사소통 패러다임 전반에 대한 고찰을 시도해 볼 것이다.

이와 관련하여 우리는 이 장에서 아래의 두 측면을 동시에 염두에 둘 필요가 있다. 첫째, 우리는 의사소통 패러다임이 근대적 주체와 이성에 대한 포스트주의적 비판 양식들과 비교하여 어떤 차별성이 있는지에 주목하여야 한다. 둘째, 우리는 의사소통 행위개념이 체계와 생활세계 개념을 축으로 하는 이층위적 사회관과 어떤 연관성이 있는지에 주목해야만 한다.

이러한 목적에 따라 아래에서는 먼저 의사소통 주체에 대해서 논의한다(1). 의사소통 행위는 화자와 청자 사이에서 성립하며, 화자와 청자의 관계는 동등한 자격을 가지면서도 서로 구별되는 주체를 전제로 한다. 이러한 주체는 세계와 홀로 대면하는 고립된 주체와는 구별되는 상호 주관적 주체라 할 수 있다. 따라서 아래에서는 먼저 의사소통 패러다임 속에서 근대적 주체, 즉 고립된 주체가 어떻게 새롭게 재구성되는지에 대해서 살펴보고자 한다.

다음으로는 주체 개념에 대한 재구성에 기초하여 주체들 사이에 이루어지는 행위의 유형들에 대한 구별에 관해서 살펴볼 것이다(2). 여기서는 도구적 행위, 전략적 행위, 의사소통 행위라는 하버마스의 구별을 검토하는 것이 핵심이다. 그리고 마지막으로는 이를 기초로 하여 의사소통 행위 속에서 구현되는 의사소통 이성이 가지는 핵심적 특징들에 대해서 설명할 것이다(3).

1
의사소통 주체

앞서 살펴본 바와 같이 하버마스에 따르면, 비판이론 1세대들의 사유는 주체-객체 모델에 입각한 의식철학의 패러다임에 구속되어 있다. "나는 생각한다, 고로 존재한다"라는 데카르트의 유명한 명제에서 볼 수 있는 바와 같이 근대 철학은 주체의 자기의식을 모든 사유의 출발점으로 삼고 있으며, 이러한 사유의 틀은 『계몽의 변증법』에서 제시한 프랑크푸르트학파 1세대들의 시대진단과 이성비판 역시 지배하고 있다.

따라서 이들이 제시한 시대진단과 대안이 가지는 근원적 제한성을 극복하기 위해서는 근대적 주체 자체에 대한 새로운 이해 방식이 필요하다. 아래에서는 먼저 근대적 주체의 고유한 성격과 그것이 가지는 근본적 한계는 무엇인지에 대해서 고찰한다. 그리고 이를 토대로 하여 하버마스가 제안하고 있는 의사소통 주체의 개념은 무엇이며, 이를 통해서 그가 근대적 주체의 개념을 어떻게 재구성해 내고 있는지를 살펴보도록 한다.

1) 근대적 주체의 특징과 그 한계

서구의 근대는 진정한 의미의 개인이 탄생했던 시대로 기록되고 있다. 헤겔의 주장에 따르면, 스스로를 자기 충족적인 존재로 파악하는 주체의 자유로운 권리야말로 근대의 전환점이자 핵심이다. 물론 이러한 개인의 등장은 제도적 분화와 개인화라는 전반적 근대화 과정을 그 배경으로 하고 있다. 근대화과정 속에서 다양한 사회적 집단과 영역들이 분화되며, 이에 상응하여 개인은 전통적인 구속과 제한성을 벗어나 더 자유롭고 독립적인 존재가 된다는 것이다.

이를 통해 자립적이고 자유로운 주체로서의 개인이라는 이념은 근대적 삶과 세계 이해의 근본 원리로 부상한다. 이러한 근대적 삶의 원리를 자신의 사유 속에서 가장 명시적으로 드러내고 있는 이가 바로 데카르트다. 그는 근대라는 새로운 시대가 수반하는 전통에 대한 회의를 극복해 나가기 위해서 '사유하는 나'를 새로운 세계 이해의 기점으로 삼을 것을 제안했다. 내가 세계를 구성하고 해석하는 주체가 되어야만 한다는 것이다. 그리고 이러한 데카르트적 주체가 세계를 구성하고 해석하는 틀이 바로 '이성'이다. 생각하는 주체로서의 나를 기반으로 세계에 대한 이론적이고 학문적인 인식의 체계를 구성하고자 하는 데카르트의 이상은 이후 근대 철학 전체를 지배하게 된 사유의 틀이 되었다.

사실 근대적 주체 개념은 다양한 차원의 의미들을 함축하고 있다. 예를 들어 하버마스는 주체라는 말이 개인주의, 비판의 권리, 행위의 자율성, 관념론 철학이라는 네 가지 함의를 가지고 있다고 말한다. 주체개념이 함축하는 이러한 의미들은 우리에게 근대적 주체라는 개념이 지니고 있는 복합적인 성격을 보여준다.

그렇지만 여기서 우리는 이러한 다양한 의미를 가지는 주체 개념이 성립하기 위한 토대를 제공하는 '자기의식Selbstbewußtsein'

과 '자기결정Selbstbestimmung'이라는 개념에 주목하고자 한다. 이 두 개념이 근대적 주체가 성립하기 위한 필수적인 전제와 그 구조적 특징을 잘 보여주고 있기 때문이다. 주체가 주체로서 성립하기 위해서는 자기 자신을 반성적으로 인식하고, 스스로의 행위를 자율적으로 규제할 수 있어야만 한다. 스스로에 대한 반성적 인식 가능성과 자율적 행위 가능성이 부정된다면, 주체는 더 이상 자유로운 주체로서 존립할 수 없을 것이다.

주체가 성립하기 위해서는 무엇보다 먼저 나 아닌 것과 나를 구별하는 동시에 나를 나로서 인식할 수 있어야만 한다. 나와 세계의 분리는 주체가 성립하기 위한 일차적인 존재론적 조건이라고 할 수 있다. 나와 타자 사이의 구별이 전제되지 않는다면, 나라는 말 자체가 무의미하게 될 것이기 때문이다.

그렇지만 나와 타자의 존재론적인 분리만으로는 아직 주체의 성립을 말하기 어렵다. 왜냐하면 진정한 의미에서 주체가 성립하기 위해서는 내가 나 자신을 세계와 분리된 독자적인 존재로 의식해야만 하기 때문이다. 내가 스스로 세계와 분리된 나 자신의 고유성을 의식할 때 비로소 주체가 성립하며 나아가서 나와 구별되는 객체도 성립이 가능해진다. 만일 내가 타자 혹은 대상과 객관적으로 구별된다고 하더라도 내가 나를 나로서 의식하지 못한다면, 이때의 나는 우리가 말하는 온전한 '주체'가 될 수는 없을 것이다. 이런 의미에서 나에 대한 의식, 즉 '자기의식'은 주체가 성립하기 위한 근본적인 조건이라고 할 수 있다. 그러므로 자기의식은 근대적 주체의 성립조건이며 나아가서 사유 일반의 근원적 조건이기도 하다.

자기의식이라는 말은 내가 나 자신을 반성적으로 의식함을 나타낸다. 나는 대상으로서의 세계를 의식할 뿐만 아니라 그와 구별되는 나 자신을 의식한다. 물론 철학적 개념으로서의 자기의식에서 말하는 의식작용은 생각을 의미하며, 그런 점에서 우리는 자기의식을 '나를 생각하는 나'로 좀 더 정확하게 정의할 수 있을 것이다. 근대 철학자들이 발견한 주체란 무엇보다도 생각하는 나의 반성적 사유를 말한다. 그리고 세계에 대한 학문적, 이론적 해명도 이러한 내 생각의 공간 속에서 출발할 수밖에 없다. 칸트식으로 말하자면 생각하는 나의 자기의식이야말로 직관을 통해 제시된 다양한 세계가 종합적으로 인식되기 위한 필수적 조건이다.

그런데 칸트에 따르면, 생각하는 나로서의 주체가 단지 경험적이고 유한한 자아일 수는 없다. 왜냐하면 시공간적으로 유한한 존재인 경험적 자아가 세계 전체를 이론적으로 설명하는 토대나 공간이 될 수는 없기 때문이다. 그래서 칸트는 자기의식을 경험에 앞서는 모든 인식의 조건이라고 말하고 있다. 근원적 생각의 지평으로서의 나는 경험적인 자아와 세계를 포섭하는 근거로 그것들에 앞서서 존재한다는 것이다.

칸트는 이러한 생각의 근원적 지평이 없이는 나와 세계의 존립 근거도 더 이상 정립될 수 없다고 말한다. 그리고 근원적 생각의 지평은 스스로를 생각하는 나라는 자기관계, 자기의식의 구조를 통해서만 비로소 가능하다. 타자를, 나아가서는 스스로를 대상으로 삼을 수 있다는 사실은 주체가 가지는 고유한 자기관계의 구조 속에서만 가능하며, 이는 사유하는 주체가 가지는 권능의 원천적 근거다. 반성적 사유는 언제나 이러한 자기관계의 구조를 전제하고 있다. 내가 세계를, 나아가서 그 안에 존재하는 경험적 나를 의식한다는 점에서만 주체는 나와 세계의 통일의 근거일 수 있다는 것이다. 그리고 생각하는 선험적 나가 세계와 나의 근거인 한에서 나는 이제 세계에 대한 입법자가 된다.

결국 칸트에 따르면 자기의식이야말로 앎이 성립하기 위한 근원적 조건이요, 원리다. 소위 코페르니쿠스적 전회를 통해서 인간을 자연의 입법자로 설정하려는 칸트의 대담한 시도는 모든 원리 중의 원리, 근거 중의 근거가 바로 나의 자기의식에서 마련되기 때문에 가능했다.

한편 실천적인 차원에서 볼 때 주체는 자신의 행위를 반성하고 나아가서 스스로의 의지에 따라 결단하는 자유로운 존재로 규정된다. 내가 실천적인 의미에서 진정한 주체가 되기 위해서는 단지 나를 인식하는 것을 넘어서 나 자신의 행위에 대해 스스로 판단하고 외적인 강압이 아니라 스스로 결정한 의지와 규범에 따라서 자유롭게 행위해야만 한다. 자기입법이라는 칸트 실천철학의 이상은 이러한 근대적 주체의 자율성Autonomie 원리를 명확하게 표현하고 있다. 만일 내가 외부적으로 강요되는 명령이나 질서에 무반성적으로 굴복한다면 이때의 나 역시 우리가 말하는 자유로운 주체는 아니다. 나는 나 자신의 이성이 제시하는 명령만을 준수하는 자유롭고 자율적인 존재다. 이처럼 자기의식과 자기결정이라는 두 개념은 근대적 주체가 성립하기 위한 필수적인 두 가지 조건을 명확하게 표현하고 있다.

스스로를 의식하고 자율적으로 행위하는 이러한 '주체'는 이제 근대적 세계 구성의 토대가 된다. 하이데거 역시 근대라는 시대는 인간이 존재자의 척도와 중심이 된다는 사실을 통해 규정된다고 말한다. 인간이야말로 모든 존재자의 바탕에 존재하는 근거, 다시 말해 모든 대상화와 표상가능성의 근거라는 것이다.

이제 이러한 주체 개념을 통해서 현실과 세계는 새롭게 해석되어야만 한다. 예를 들어 개인의 자유를 근간으로 하는 근대적인 사회질서 역시 주체가 가지는 자율성에 대한 이해에 기초하고 있다. 근대 민주주의 사회는 주체가 가지는 동등한 자유의 권리에 대한 인정을 전제로 할 때만 성립할 수 있다. 이런 점에서 근대적 주체 개념은 근대적 사회질서가 성립하기 위한 이념적 기초를 제공한다고 할 수 있다. 또한 주체의 이성은 세계 일반에 대한 해석의 기초도 제공했다. 데카르트는 나의 마음 안에서 획득된 자명성을 출발점으로 삼아 세계에 대한 학적 체계를 구축하고자 했다. 그리고 근대 과학이 지향하는 자연의 수량화라는 기획 역시 자연을 수학이라는 사유의 내적 형식 속으로 환원하려는 성향을 갖는다는 점에서 이러한 데카르트적 시도의 연장으로 이해될 수 있을 것이다.

하지만 오늘날 많은 논자들이 지적하고 있는 바와 같이 이러한 근대적 주체 이해는 인간중심주의적 편견 혹은 타자를 부정하는 주체중심주의라는 문제를 함축하고 있다. 나와 대상을 분리하고 나의 의식을 통해서 세계를 구성하고자 하는 근대적 세계 해석의 틀 속에서는 진정한 타자의 타자성에 대한 인정과 공존의 가능성이 사라지기 때문이다.

세계와 분열된 주체로서의 나에게 세계는 언제나 나와 맞서 있는 대상이나 객체 즉 '그것'일 뿐이라는 것이다. 생각하는 나로서의 선험적 주체에게 타인과 세계 일반 심지어는 나 자신조차도 언제나 생각되어진 대상, 포착되어야 할 대상에 지나지 않는다. 주체 중심의 사유에서는 모든 인식이 객체화된 대상에 대한 앎이라는 형식으로 환원될 수밖에 없다.

이렇게 생각하는 나라는 고유한 1인칭의 시선은 이제 탈세계적인 중심이 되어 버린다. 선험적 나는 이제 세계 초월적인 관점으로 고착되고, 세계 전체는 그 시선하에서 대상으로 굳어져 버린다. 이렇게 극단화된 1인칭의 시선은 이제 탈세계적인 3인칭 관찰자의 시선으로 고착된다. 그리고 이러한 구도 속에서 타자는 언제나 나에 의해 일방적으로 규정되고 지배될 뿐이다. 『계몽의 변증법』이 말하는 바와 같이 이제 주체로서의 나의 시선 속에서 세계는 언제나 나에 의해 규정되고, 나아가서 지배될 수 있는 수단, 대상으로서 출현할 뿐이다.

그 때문에 이러한 주체에게는 타자와의 인격적 만남이 불가능해진다. 인격적인 만남은 고유한 2인칭으로서의 너에 대한 경험을 통해서만 가능하지만, 근대적 주체는 너를 포함한 세계 전체를 인식의 대상으로 규정할 수밖에 없기 때문이다. 그러나 사회라는 것이 존립하기 위해, 나아가 그 속에서 이루어지는 규범적이고 도덕적인 삶의 차원이 성립하기 위해서는 반드시 나와 너 사이의 상호인정과 인격적인 대면이 요구된다. 내가 너를 나와 다르지만 동등한 권리를 갖는 주체로 인정할 때 너에 대한 나의 도덕적 책임이라는 것도 가능하기 때문이다. 그리고 이러한 도덕성과 상호인정은 사회적 규범과 제도, 나아가서는 사회질서가 성립하는 근거를 제공한다. 따라서 나와 동등한 너를 정립할 수 없다는 사실은 근대적인 주체 개념이 가지는 심각한 난점을 보여주고 있다.

주체와 객체라는 근대적 구도 속에서는 나와 동등한 주체로 서의 너가 정립될 수 없을 뿐만 아니라 객체의 고유한 타자성 과 조우할 수 있는 공간 역시 상정되기 어려운 것이 사실이다. 개념적 사유가 가지는 타자에 대한 동일화와 지배의 성향에 대해 『계몽의 변증법』이 제기하는 비판 역시 근대적 사유를 통한 타자의 동일화가 가지는 근본적 한계를 지적하고 있다.

그 때문에 오늘날 근대적 주체는 이제 타자에 대한 지배를 추구하는 존재로, 자기보존과 자기극대화만을 추구하는 존재 로 규정되고 있다. 모든 것을 대상화하는 선험적 자아의 시선 속에서 세계는 대상으로서만 포착되며, 그런 한에서 사유는 도구적인 사유, 물화物化된 사유에 지나지 않는다는 것이다. 이런 관점에서 보면 인간의 합리적 지식에 대한 추구란 결국 권력에의 의지에 불과하다. 계몽의 자기파괴 과정에 대한 프 랑크푸르트학파 1세대의 급진적 반성은 근대적 주체와 그에 입각한 도구적 이성이 가지는 이러한 한계와 폭력성에 주목 하고 있다.

근대적 주체 개념이 가지는 한계에 대한 반성은 현대철학의 중심 주제라고 할 수 있다. 현대 철학의 거의 모든 반성들이

데카르트에서 발원하여 독일관념론에서 완성되는 주체 개념에 대한 공격으로 수렴하고 있다고 해도 그리 지나친 말은 아닐 것이다.

그 결과 근대인들이 신뢰했던 이성적 주체는 이제 탐욕스럽고 폭력적인 인간본성이나 사회구조가 자의적으로 구성해낸 산물에 불과한 것으로 여겨지고 있다. 이와 동시에 세계의 질서를 해명해 주고 그를 통해 인간을 자연적인 제한과 억압으로부터 해방해 주리라고 기대되었던 근대적 이성 역시 폭력적이고 지배적인 '동일성 사유'에 불과한 것으로 치부되기도 한다. 서구의 근대 문명이 추구해 왔던 계몽Aufklärung은 세상에 빛을 던져 주기보다는 오히려 암울한 야만을 낳았을 뿐이라는 것이다.

현대적 관점에서 보자면 인간의 합리적 지식에 대한 추구는 권력의 의지에 불과하며, 주체는 세계 구성의 근거가 아니라 무의식의 부산물이거나 구조의 효과에 지나지 않는다. 그래서 주체는 타자에 의해 구성된 것에 불과한 것으로, 종국에는 사라져 버려야 할 운명에 처한 것으로 판결되기도 한다. 결국 이러한 현대적 성찰들은 우리에게 근대적 주체가 가지는 폐쇄성과 폭력성을 비판하고 새로운 주체 개념을 구성해 낼 것을 요구하는 것으로 보인다. 그러면 이제 아래에서는 하버마스가 상호주관성, 의사소통이라는 차원에 주목하여 어떤 방식으로 근대적 주체 개념을 비판하면서 동시에 새롭게 재구성하는지에 대해서 살펴보도록 하자.

2) 근대적 주체 개념의 재구성: 상호주관성

하버마스는 근대적 주체를 타자와의 의사소통적 상호작용을 통한 사회화의 산물로 설명함으로써 근대적 주체의 자립성과 근원성을 해체하는 동시에 이를 통해 새로운 방식으로 주체를 재구성해 내고자 한다. 하버마스에 따르면, 근대적 주체의 자기관계란 결국 타자와의 의사소통이 내면화된 산물이며 그런 한에서 이미 타자에 대한 인정과 소통을 전제하고 있다.

그렇지만 하버마스는 타자로의 탈주를 시도하는 포스트주의자들과는 달리 주체가 지닌 비판적이고 능동적인 반성과 실천의 능력 자체를 폐기하고자 하지는 않는다. 그는 의사소통 과정의 내면화를 통해 주체의 반성 과정을 재해석함으로써 비판적 반성의 가능성을 고수하고 그것이 가지는 폐쇄성을 극복하고자 할 뿐이다. 이런 점에서 하버마스가 제안하는 근대적 주체 개념의 재구성은 사유할 수 없는 타자나 무의식에 함몰되어 주체의 죽음을 선언하는 여타의 입장들과는 구별되어야만 한다.

근대적 주체 개념에 대한 하버마스의 이러한 재구성은 근대적 주체-객체 틀을 주체-주체의 상호주관성이라는 틀로 대체한다는 전략을 기초로 삼고 있다. 그는 주체-객체 틀을 주체-주체 사이의 상호작용이라는 틀로 대체함으로써 근대의 고립된 주체 개념과 도구적 이성의 한계를 극복하고자 한다. 언어를 매개로 한 주체와 주체 사이의 관계가 가지는 고유성에 그가 주목하고자 한다는 사실은 이미 그의 프랑크푸르트 대학 취임 강연인 「인식과 관심」(1965)에서 드러나고 있으며, 이러한 그의 발상은 「노동과 상호작용」(1968)을 구별하면서 좀 더 구체화되기 시작한다.

이미 자신의 취임 강연에서 그는 언어를 자기보존을 넘어서는 인간 활동의 고유한 매체로서 제시한다. 이와 같이 그가 언어에 주목한다는 사실은 그가 이미 주체들 사이의 의사소통적 관계가 가지는 고유성과 근원성을 예감하고 있음을 보여주고 있다. 또한 하버마스는 그의 초기 논문이라고 할 수 있는 「노동과 상호작용」에서 헤겔의 논의를 빌려 상호주관성을 통한 주체의 재구성이라는 문제를 시사하고 있다. 이 논문에서 하버마스는 칸트적 주체 개념을 극복하는 계기로 헤겔이 제시한 인륜적 관계의 변증법에 주목한다. 여기서 그는 헤겔의 입장을 빌려서 자기의식은 주체와 주체 사이의 상호작용의 경험으로부터 비로소 발생한다는 사실을 강조하였다. 다른 주체와의 상호작용 속에서 나는 다른 주체의 눈으로 나 스스로를 보는 방법을 배운다. 나 자신에 대한 의식, 즉 자기의식은 관점을 교차시킴으로써 발생하는 파생물에 불과하다. 결국 상호인정과 상호작용이라는 토대에 기초해서만이 자기의식은 형성될 수 있다는 것이다.

이와 같은 주장들은 이미 하버마스가 주체들 사이의 상호작용, 상호인정을 주체의 성립조건으로서 생각하고 있었다는 사실을 보여준다. 자기의식을 다른 주체와의 상호작용 과정이 내면화된 결과로 해석하고자 하는 그의 원칙적 입장은 여기서 이미 명확하게 표현되고 있다. 그렇지만 이 당시의 작업에서 하버마스의 중심목표는 주체 개념에 대한 재구성이라기보다는 자연을 대상으로 하는 노동과 다른 주체와 연관된 상호작용이라는 행위 유형이 가지는 질적인 차이를 구별하는 것이었다. 그렇기 때문에 주체 재구성이라는 문제가 시사되고 있을 뿐 아직은 그 자체로 심도 있게 검토되지는 못하고 있다.

근대적 주체 개념에 대한 재구성 작업은 이후 그의 저서 『탈형이상적 사유』에서 압축적으로 제시된다. 여기서 하버마스는 상호주관성을 통한 주체의 재구성이라는 문제에 미드 George H. Mead의 논의 틀을 통해 접근하고 있다. 미드는 자기의식이라는 현상과 그것의 발생 과정을 사회 심리학적으로 해명하고자 했다. 특히 그는 자기 자신에 대한 대상으로서 자아가 가지는 특징을 분명히 밝히고자 했다. 그는 반성적reflexive '자아'라는 단어에서 자아의 이러한 특징이 표현되고 있으며, 이는 자아가 주체이자 동시에 객체가 될 수 있다는 사실을 나타낸다고 말한다.

결국 반성적 자아란 앞서 우리가 살펴본 주체의 자기의식을 의미한다. 미드는 근대 철학에서 집중적으로 제기되었던 자기의식의 문제를 경험적인 심리학의 차원에서 새롭게 이해할 수 있는 기초를 제공하고 있으며, 하버마스는 이러한 미드의 시도를 수용하면서 근대적 주체 개념에 대한 재구성을 시도하고 있는 것이다.

그러면 아래에서는 근대적 주체의 핵심을 구성하는 자기의식과 자기결정 개념을 하버마스가 어떤 방식으로 재구성하고 있는지에 대해 좀 더 자세히 살펴보도록 하자.

(1) 인식적 자기관계: 자기의식

근대적 주체 개념을 새롭게 재구성하고자 하는 하버마스의 작업에서 중심이 되는 것은 우리가 앞에서 근대적 주체의 성립조건, 근본특징으로 설정했던 '자기의식과 자기결정'이라는 개념이다. 그리고 나에 대한 나의 자기관계라는 구조는 이 두 개념을 묶는 중심 항이다. 근대적 주체는 자기의식과 자율성, 다시 말해 주체의 이론적 자기관계와 실천적 자기관계를 전제로 할 때만 비로소 성립할 수 있다.

이제 하버마스는 나와 너의 상호작용을 통해서 근대적 주체의 자기관계가 가지는 자립성을 해체하는 것은 물론 동시에 이를 통해서 자아, 주체의 자기관계를 새롭게 재구성해 내고자 한다. 이는 곧 근대적 주체가 더 이상 세계 구성의 출발점이 아니라 사회적 상호작용의 산물로, 사유의 출발점이 아니라 설명되어야 할 대상으로 규정된다는 것을 의미한다.

근대적 주체 개념을 재구성하기 위해서 하버마스가 취하는 일차적인 전략은 자기의식이라는 개념의 자립성, 근원성을 해체하는 작업이다. 자기의식이라는 현상은 모든 인식의 전제로서, 근거로서 주어진 그 자체 확실한 기점이 아니라는 것이다. 하버마스는 주체의 자기의식이 발생적인 측면과 구조적인 측면 모두에서 타자와의 상호작용에 의존한다는 점을 밝히고자 한다.

이를 통해 그는 근대적 주체가 세계 해명의 출발점이나 근거가 아니라 타자와의 상호작용에 의존하여 성립된다는 사실을 먼저 보여주고자 했다. 물론 이러한 전략은 비판이 취하는 일반적인 전략 중의 하나라고 할 수 있을 것이다. 실체나 기원으로 간주되던 것이 실상은 타자 의존적이라는 사실이 밝혀질 때 그것들은 절대성과 직접성을 상실하게 되기 때문이다. 직접적으로 주어진 것이 매개된 것이라는 사실이 해명될 때, 그것이 가지는 직접성은 가상에 불과하다는 사실이 드러난다.

자기의식은 생각하는 나의 자기관계를 통해서 성립된다. 자기의식은 생각하는 나와 생각되는 나의 관계를 의미하며 그런 한에서 구별 가능한 두 항이 언제나 동시에 요구된다. 이러한 '나'의 이항적 분리와 분리된 양 항의 관계 맺음은 주체의 자기관계가 성립하기 위한 조건이다.

미드는 나의 자기관계에서 나타나는 이러한 두 항, 즉 생각하는 나와 생각되는 나를 주격 나(I)와 목적격 나(Me)로 표현하고 있다. 나는 목적격 나를 주격 나의 관점에서 반성할 수 있으며 이러한 반성적 의식을 우리는 자기의식이라고 부른다. 이러한 자기관계를 통해서 비로소 우리는 우리 자신을 나로서, 즉 주체로서 파악하게 된다. 만일 내가 나를 객관화하여 포착하지 못한다면, 나는 단지 즉자적이고 본능적인 존재에 머물고 말 것이다.

그런데 하버마스의 논의에 따르면 이러한 나의 자기관계라는 것은 너와의 상호작용을 통해서만 가능하다. 그는 타인의 관점을 수용함으로써 나의 자기관계가 가능하다는 사실을 해명하고자 했다. 우리는 인식하고 행위하고 말하는 주체의 자기관계, 즉 1인칭의 '자기 자신에 대한' 관계를 2인칭이 '나에 대해서' 가지는 관점을 수용하는 것을 통해서 설명할 수 있다는 것이다.

사실 우리의 경험 속에서 자아는 언제나 목적격 나로서 주어질 뿐이다. 왜냐하면 우리의 의식에 포착되는 순간 자아는 이미 대상화된 존재로서, 목적격 나로서 드러날 뿐이기 때문이다. 우리의 의식적 경험에서 드러나는 자아는 언제나 기억 속에 고착된, 이미 지나간 나의 모습이다. 그리고 이러한 목적격으로서의 나는 상대방이 나에 대해 가지는 관점들을 통해 구성된다. 반성 속에서 나에게 떠오르는 나의 모습은 타인들이 나에 대해 가지고 있는 관점과 해석들을 통해 구성된다. 나는 언제나 특정한 사회적 맥락 내에 존재하는 누군가의 부모이고, 자녀이며, 동료이다. 이와 같이 반성의 대상이 되는 나의 모습은 언제나 타자와의 사회적 관계를 통해서 구성된다. 자신에게 대상이 될 수 있는 자아는 본질적으로 사회적인 구조를 가지고 있으며, 사회적 경험에서 발생한다.

물론 일단 자아가 성립하게 되면 우리는 타인과의 상호작용과 무관하게 진행되는 내면적 사유의 과정을 경험할 수 있게 된다. 그리고 타인과의 상호작용과 구별되는 이러한 내면적 사유를 통해서 우리는 절대적으로 고립된 자아라는 상象을 가지게 된다. 자아가 일단 발생하면 우리는 그 나머지 일생을 고독한 감옥에서 보내면서, 여전히 스스로를 동료로 삼아 다른 사람들과 하는 것처럼 스스로와 의사소통을 하고 생각하는 사람을 떠올릴 수 있다. 이렇게 반성적 사유에서 나는 세계 전체와 대면하며, 그 세계 속에 존재하는 경험적 자아를 인식한다. 그렇지만 사회적 경험을 벗어나서 자아가 발생한다는 것은 불가능하다. 왜냐하면 자아의 성립, 자기관계의 가능성 자체는 이미 사회적 관계의 내면화 과정을 전제하고 있기 때문이다.

우리의 의식 속에서 드러나는 자아가 언제나 목적격 나이기는 하지만 그러한 목적격 나는 언제나 주격 나를 이미 전제하고 있다. 목적격 나에 대해 반응하는 주격 나가 존재하지 않는다면 목적격 나는 성립할 수도, 인식될 수도 없게 된다. 다른 사람들의 태도가 조직화된 '목적격 나'를 구성하고 나면, 우리는 그에 대해 '주격 나'로서 반응해야 한다. 그런데 목적격 나에 대한 반응의 주체로서 주격 나는 앞서 말한 바와 같이 우리의 의식에 직접적으로 주어지지 않는다. 그렇기 때문에 주체의 자기관계에서 등장하는 주격 나는 대상화되거나 포착될 수 없는 주체의 근원적인 측면을 나타낸다. 나를 생각하는 주격 나는 우리가 그것을 포착하려는 순간 언제나 우리 의식의 울타리를 벗어나게 된다. 주격 나는 이런 점에서 영원히 포착될 수 없는 사유의 능동적 근원으로 머문다.

주격 나와 목적격 나라는 두 극 혹은 계기는 자아, 자기의식을 구성하기 위한 필수적 요소라고 할 수 있다. 그리고 이 양자는 서로를 전제로 하고 있다. 주격 나가 없이는 목적격 나가 드러날 수 없으며, 목적격 나가 없이는 주격 나가 성립할 수 없다. 주격 나와 목적격 나라는 두 계기는 자기의식의 운동 속에서 구별되는 두 계기로 머물지만 서로를 전제하며 그런 한에서 자기의식의 운동 속에 공존한다. 자기의식의 구조에 대한 이러한 해명은 자아의 성립 조건에 이미 타자관계가 매개되고 있음을 보여준다. 왜냐하면 목적격 나라는 것은 이미 타자와의 상호작용을 통해서, 타자의 관점을 통해서 구성될 수밖에 없기 때문이다. 자기의식을 구성하는 한 계기로서, 자아를 구성하는 중요한 축으로서의 목적격 나는 언제나 사회적으로 구성된다. 그런 한에서 자아는 언제나 타자관계를 전제로 성립한다고 할 수 있다.

그렇지만 자아를 구성하는 목적격 나와 주격 나라는 두 계기에 대한 지금까지의 설명은 아직 사회적으로 구성된 목적격 나를 주격 나가 어떻게 반성적으로 포착할 수 있게 되는가 하는 과정 자체를 정확히 해명하지는 않았다. 그렇기 때문에 아직은 주체가 자기 자신을 대상화할 수 있는 능력 자체가 어떻게 가능한가 하는 문제가 남아 있다. 자기의식이라는 것이 사회적 상호작용의 산물이라는 것을 입증하기 위해서는 주격 나의 반성적 시선 자체가 사회적 상호작용을 매개로 해서만 가능하다는 사실이 밝혀져야만 한다. 그리고 이를 위해서는 의사소통 과정을 통해서 주체가 스스로를 타인의 관점에서 바라보게 되는 과정이 해명되어야만 한다는 것이다.

반성 속에서 내가 나를 대상화한다는 것은 내가 나를 타인을 보듯이 바라본다는 것을, 즉 타인의 관점에서 나를 바라본다는 것을 의미한다. 그리고 하버마스에 따르면 목적격 나에 대한 이러한 반성은 타자의 관점을 수용함으로써만 가능하다. 반성적 자기관계가 가능하기 위해서는 타인과의 상호작용을 통해서 타인들이 나를 바라보는 관점을 나 자신이 내면화할 수 있어야만 한다. 결국 자기관계는 타자관계를 매개로 타자의 관점을 내면화하여 수용할 때에만 비로소 가능하다는 것이다.

여기서 의사소통 과정은 특히 중요한 의미를 지니게 된다. 왜냐하면 언어적 의사소통 과정을 통해서 나는 나의 언표 자체에 대해 비로소 반성적으로 관계하게 되기 때문이다. 우리가 '의사소통'이라고 부르는 것이 중요한 이유는 그것이 개인이 스스로에게 대상이 될 수 있는 행위의 형식을 제공하기 때문이다. 의사소통 과정을 통해서 나는 나 자신의 언표를 타인의 관점에서 해석할 수 있는 능력을 획득하게 된다는 것이다. 나의 언표에 대한 반성적 관계는 언어습득 과정을 매개로 타인의 관점을 수용할 수 있는 능력을 획득함으로써만 비로소 가능해진다는 것이다.

이러한 이해에 따르면 반성적 자기관계는 이제 내면화된 대화, 즉 내면화된 의사소통의 형식으로 이해된다. 자기의식의 발생과 구조 모두는 이와 같이 언어적 상호작용에 매여 있다. 반성은 선행하는 대화적 관계에 근거를 두고 있으며, 의사소통으로부터 자유롭게 구성된 내면성이라는 허공에 떠 있는 것이 아니다. 나는 언어의 사회적 사용방식을 습득하면서 나 자신의 행위에 대해 의미를 부여하고 반성하게 된다. 타인들이 나를 바라보는 시선이 목적격 나를 구성하며, 내가 그러한 타인들의 시선을 내면화해서 나를 바라볼 때 비로소 나의 자기의식도 성립할 수 있다. 타인이 나에게 반응하는 양식을 내면화하지 않는다면 목적격 나에 대한 자기관계라는 것도 불가능하다. 내가 타인의 시선을 빌려 나를 바라볼 수 있을 때 비로소 목적격 나는 드러난다.

하버마스의 논의는 주격 나가 가능하기 위해서는 먼저 나를 바라보는 너의 시선을 내면화하는 능력이 요구된다는 사실을 보여준다. 자아는 사회적으로 구성되며, 자아의 자기반성이라는 구조 역시 의사소통을 통해 타자의 관점을 수용함으로써만 가능하다. 결국 언어를 습득하는 사회화 과정은 너의 시선을 내면화하여 나를 대상화하기 위한 필수적 전제조건이라고 할 수 있다.

물론 자기의식에 대한 이러한 해석은 주체의 자기관계성, 즉 주체의 자기에 대한 반성능력 자체를 부정하지 않는다. 구체적 문맥에서 보자면 오히려 주체의 자기의식은 모든 언어적 상호작용이 성립하기 위한 조건이기도 하다. 왜냐하면 언어적 의사소통이 가능하기 위해서는 먼저 각자가 자기 자신의 발화를 이해할 수 있어야만 하기 때문이다. 그러므로 의사소통 행위라는 것이 가능하기 위해서 주체의 자기관계라는 계기는 여전히 필수적으로 요구된다. 언어적 의사소통이라는 현실적 사태 속에서 보자면 주체의 반성적 자기관계와 타자와의 상호작용은 오히려 상호의존관계에 있다고 보아야 할 것이다. 하버마스가 강조하고자 하는 바는 발생적으로 혹은 구조적으로 볼 때 자기의식의 성립이 언어적 상호작용을 전제로 하고 있다는 사실일 뿐이다.

그렇지만 나의 반성적 자기관계를 이와 같이 언어적 상호작용의 내면화로, 즉 내면적 대화로 해석하게 되면, 반성은 이제 더 이상 자기에 대한, 나아가서는 타자에 대한 일방적 대상화라는 모델을 따르지 않게 된다. 나의 자기관계는 이제 내면화된 의사소통의 과정으로 파악된다. 이제 나는 나 자신과 그리고 너와 대화하는 존재가 된다는 것이다.

이러한 이해방식에 따르면 반성에 의해 포착된 대상, 나아가 목적격 나는 더 이상 단순한 대상으로 고착화되지 않는다.

주체의 자기관계는 타자 의존적이며, 이때의 타자관계란 언어적 의사소통을 의미한다. 그리고 이 언어적 상호작용은 대상에 대한 도구화의 기제로 환원될 수 없는 고유한 의사소통의 구조를 가지고 있다. 그 때문에 의식철학이 강요하는 타자에 대한 일방적 대상화라는 틀은 이제 더 이상 유효하지 않게된다. 오히려 근원적인 것은 나와 너의 언어적 상호작용이며, 그런 한에서 나는 세계에 대한 소통적 관계의 풍부성을 회복하게 된다.

언어적 상호작용이 가지는 고유한 구조에 주목해 보면, 우리는 여기서 드러나는 타자관계의 방식이 주체-객체 틀에서와는 전혀 다르다는 사실을 발견하게 된다. 주체들 사이의 상호작용 속에서는 주체의 대상에 대한 일방적 동일화나 도구화와는 다른 기제가 나타나기 때문이다. 의사소통 행위 속에서 나는 너를 나와 구별되지만 동등한 권리를 가진 주체로 인정해야만 한다. 그렇지 않다면 온전한 언어적 상호작용은 불필요하거나 불가능할 것이다. 언어적 상호작용은 또한 근본적으로 개방적인 구조를 가지고 있다. 왜냐하면 거기서 나의 행위는 언제나 너의 반응, 응답에 열려 있기 때문이다.

그렇기 때문에 이러한 언어적 상호작용 속에서 우리는 대상으로서의 그것과 구별되는 너를 대면하게 된다. 의사소통의 대상이 되는 그것은 대상화될 수 있지만 대화의 상대방인 너는 결코 대상화될 수 없다. 왜냐하면 언어적 발화 속에서 나는 언제나 너의 응답을 기대하고 있기 때문이다. 대화 속에서 너의 응답을 기대한다는 것은 이미 너의 고유성과 차별성을 전제하고 있다. 만일 내가 너를 나와 전적으로 동일시할 수 있다면, 즉 너를 나 속으로 완전히 용해시킬 수 있다면 우리의 대화는 중단되어 버릴 것이기 때문이다.

(2) 실천적 자기관계: 자기결정

지금까지 우리는 인식의 측면을 중심으로 주체의 자기관계에 대해 살펴보았다. 이제 주체의 실천적 자기관계에 대해서 논의하고자 한다. 이러한 논의 순서는 이론적 자기관계라는 것이 실천적 자기관계의 전제가 된다는 사실을 생각할 때 적절한 것이라고 할 수 있다. 자기의식은 주체의 자기 확인을 위한 근원적 전제라고 할 수 있다. 왜냐하면 내가 나를 나로서 의식하는 것은 나의 실천적 자율성을 정립하기 위한 근본적 전제이기도 하기 때문이다.

주체는 스스로를 인식할 뿐만 아니라 자신의 행위를 도덕적으로 평가하며 나아가서 자기 자신의 의지에 법칙을 부과한다. 칸트의 말처럼 인간은 이성이 스스로 부과한 법칙 이외의 것에 복종할 수 없으며 그런 한에서 인간은 수단이 아니라 목적으로 존재한다. 그리고 이로부터 주체의 도덕적 가치와 존엄성도 성립한다.

그러나 이러한 실천적 자율성의 이상은 앞서 살펴본 바와 같이 주체의 자율성을 타자와는 무관한 것으로, 근본적으로 비사회적인 것으로 설정하고 있다는 점에서 그 한계를 갖는다. 근대적 주체–객체라는 틀이 가지는 한계인 너의 정립불가능성이라는 문제는 실천적인 자율성의 이상에서도 동일한 모습으로 나타난다.

그렇기 때문에 하버마스는 자기의식을 비판적으로 재구성했던 동일한 전략에 따라서 실천적 자율성이 가지는 자립성역시 해체해 나가고자 한다. 주체가 도덕적 주체로서 성립하는 것은 이론적 자기의식의 경우와 마찬가지로 타자와의 관계에 의존한다는 것이다. 내가 나 자신에게 규범적 태도를 취하는 것은 근본적으로 타인들이 가지는 나의 역할에 대한 기대를 내면화함으로써만 가능하기 때문이다. 이번에는 타인들이 나의 역할에 대해 가지는 기대가 목적격 나를 구성한다. 실천적 자기관계는 사회적인 '우리'의 상호주관적 관점으로부터 저항적 '나'의 충동성과 창조성에 제한을 가하는 '목적격 나'를 통해서 비로소 가능해진다.

나의 역할에 대한 타인들의 기대가 이번에는 목적격 나를 구성한다. 그리고 이러한 목적격 나는 규범적 판단의 기초로 작동한다. 사회적인 규범의 내면화를 통해서 목적격으로서의 나가 구성된다. 나아가서 목적격 나는 주격 나의 충동에 대한 통제자의 역할을 한다. 그렇지만 여기서 주체가 단지 타인들이 나에게 요구하는 역할을 따르는 수동적인 존재로만 해석되는 것은 아니다. 왜냐하면 실천적 자기관계에서 주격 나는 언제나 목적격 나로부터 일탈하여 새로운 규범을 창출할 가능성을 가지고 있기 때문이다. 주격 나는 타인들의 기대가 내면화된 결과라고 할 수 있는 목적격 나의 명령을 수용하거나 거부할 수 있는 궁극적 능동성이다.

자기의식에서 주격 나가 사유의 능동적 측면을 나타낸다

면, 실천적 자기관계에서 나타나는 주격 나는 행위의 근원적인 능동성의 측면을 나타낸다. 우리는 이러한 주격 나를 통해서 자유와 새로움의 가능성을 보게 된다. 하버마스는 주격 나가 가지는 이러한 성격에 기대어 목적격 나가 가지는 보수성에 대해 지적하고 관습과 제도로부터 자유로운 보편적 주체의 성립을 해명하고자 한다. 나는 단순히 특정한 사회문화적 관습에, 즉 목적격 나에 제약되어 있는 존재가 아니라는 것이다. 주체는 주어진 제약을 비판적으로 넘어서서 보편적 규범을 창출할 수 있는 능력을 가지고 있다. 주체는 사회적으로 구성된 규범적 요구 전체에 대항하여 합리적 논거에 따라 비판하고 판단할 수 있는 자율적 주체로 이해되어야 한다.

물론 이러한 탈관습적 도덕의 주체 역시 고립된 판단의 주체는 아니다. 왜냐하면 여기서도 현존하는 규범을 비판하는 나는 단지 타인들의 동의, 즉 이상적 공동체의 동의를 예견할 수밖에 없기 때문이다. 우리가 미래를 지향하며 이성의 이름으로 현실을 비판할 때, 이미 우리는 청중의 역할을 하는 이성적 공동체를 예견하고 있다는 것이다.

이러한 하버마스의 논의는 주체의 자유로운 자기결정 가능성이 여전히 존립하지만, 그것의 궁극적 근거와 구조가 타자와의 관계를 통해서 그리고 타인들의 기대를 내면화하는 목적격으로서의 나를 통해서만 가능하다는 사실을 보여주고 있다. 자율적일 뿐만 아니라 개별적인 존재로서 실천적 자기관계의 자아는 스스로에 대한 직접적인 관계에서가 아니라 오로지 다른 사람의 관점을 통해서만 스스로를 확인할 수 있다는 것이다.

이와 같이 하버마스의 의사소통 주체 개념은 상호주관성에 근거하여 근대적 주체의 폐쇄성을 비판하는 동시에 주체성을 새롭게 재구성해 내고 있다. 물론 우리는 이러한 주체 비판의 전략 이외에 타자성 자체를 강조함으로써 주체의 능동성을 급진적으로 해체하는 전략을 선택해 볼 수도 있을 것이다. 근대적인 주체-객체의 틀과 이 틀에 근거한 주체 중심적 합리성의 제한성을 넘어선다는 과제를 수행하기 위해서는 일차적으로 주체의 우선성과 중심성을 해체하는 과정이 반드시 필요하다. 왜냐하면 문제의 핵심 자체가 주체 중심의 구도설정과 주체를 중심으로 한 타자의 대상화이기 때문이다. 주체의 의식으로는 결코 환원될 수 없고, 나아가서 오히려 주체 성립의 조건이 되는 타자를 설정해 줌으로써 우리는 근대적 주체의 폐쇄성을 비판하고 주체의 중심성을 해체할 수 있다. 이러한 전략에서 타자는 아도르노의 해소될 수 없는 어떤 것Etwas, 하이데거의 존재Sein, 푸코의 권력Power 등 다양한 이름들로 명명될 수 있을 것이다.

타자성을 우위에 두는 이러한 관점에서 볼 때, 나는 더 이상 세계의 중심이 아니다. 그렇기 때문에 이제 주체는 포착할 수 없는 타자에 대해 사유를 개방하고 나의 한계를 감지해야만 한다. 그렇지만 이러한 전략에 기초한 반성은 근대적 주체 개념에 대한 비판을 넘어서서 그것의 극단적인 해체로 나아가고 있다는 데에서 그 한계를 갖는다. 주체 외부에 존재하는 타자를 상정하고, 주체를 단순히 그 타자에 의해 구성된 산물이나 효과로 해체하면서, 주체의 비판적이고 능동적인 자율성 자체가 사라지게 되기 때문이다.

주체의 해체를 시도하는 입장에서 볼 때, 주체 중심적 합리성이 현대적 위기의 근원이기 때문에 우리가 주체로부터 출발해서는 더 이상 이 위기에 대처할 수 없다. 이는 결국 주체의 능동적인 실천이 더 이상 불가능함을 의미한다. 따라서 이제 우리는 현실의 위기 역시 달리 이해해야만 한다. 예를 들어 하이데거에 따르면, 위기의 근원은 더욱 깊은 곳에 존재한다. 존재 역운의 극복과 변형은 다른 역운의 도래를 통해서만 가능하며, 이러한 역운의 논리는 미리 계산할 수도 예측할 수도 없는 것이다.

이러한 급진적 비판은 주체 개념 자체에 대한 비판과 거부로 나아가고, 이에 따라 현대적 위기의 근원은 주체가 포착하거나 개입할 수 없는 영역으로 이전된다. 신의 구원 없이, 존재 역운의 변화 없이 우리는 현대의 위기에 대처할 수 없다는 것이다. 그렇지만 이러한 전략은 결국 주체를 수동적인 존재로 간주함으로써 능동적이고 비판적인 사유와 실천의 능력 자체를 불가능하게 만든다.

그렇기 때문에 하버마스는 근대적 주체에 대한 이러한 해체 전략은 보수적이거나 무책임한 실천적 태도로 귀결될 수 있는 위험을 안고 있다고 비판한다. 객체를 전적으로 이성에 대해 타자적인 것으로 설정하고자 하는 시도의 배후에는 객체에 대한 신비화와 주체의 능동적 실천을 무력화시키는 위험이 도사리고 있다는 것이다. 이러한 반성의 전략은 주체중심적 이성의 한계를 비판하는 데서는 효과적인 기여를 할 수 있음에도 불구하고 그들의 비판이 총체화되는 성향을 가지기 때문에 적극적인 이론적 정당화의 토대를 제공하기가 매우 어려운 것 역시 사실이다. 그렇기 때문에 하버마스는 앞서 살펴본 바와 같이 이러한 전략이 결국 '수행적 모순' 혹은 '총체적 비판의 역설'에 빠져 있다고 비판한다.

위와 같은 문제점들을 고려할 때, 타자성의 강조를 통해 주체를 해체하고자 하는 전략을 구사하는 현대적 비판들은 문제를 해결하기 위해 너무 멀리 나아간 것으로 보인다. 근대적 주체 개념은 그것이 도구적 합리성의 전면화를 초래하며, 진정한 타자와의 공존을 모색하지 못하게 만든다는 점에서 비판되어 마땅하다. 하지만 그렇다고 해서 우리가 근대적 주체가 가지는 능동적이고 비판적인 성격 자체를 거부할 필요는 없다. 왜냐하면 주체의 합리적 사유능력과 도덕적 판단력이야말로 여전히 우리의 세계 해석과 비판적 실천이 의존해야만 하는 최종 심급이기 때문이다. 그 때문에 하버마스는 자신이 제시한 의사소통 주체 개념을 통해 도구적 합리성의 전일적인 지배에 저항할 수 있는 기반을 마련하면서도 여전히 주체의 책임능력과 비판적 실천의 가능성을 고수하고자 한다.

2
의사소통 행위

앞서 살펴본 바와 같이 프랑크푸르트학파 1세대들의 급진적인 반성은 인간의 인식과 행위 전체를 도구적인 것으로 환원하는 결과를 낳았다. 그리고 이러한 환원은 주체-객체 틀속에서 인간의 모든 인식과 행위가 주체의 자기보존과 자기 확장을 궁극 목적으로 한다는 생각을 전제로 이루어졌다. 반면에 하버마스는 주체와 주체 사이의 의사소통 행위에 주목함으로써 이러한 기존의 비판이 가지는 한계를 돌파하고자 한다. 하버마스에 따르면, 인간 종의 사회적 재생산 과정 안에는 종의 자기보존이나 자기유지라는 목표로 환원되지 않는 고유한 상호이해의 이념이 내재한다.

그가 제시하는 의사소통 행위개념 역시 이러한 그의 근본적 확신을 구체적으로 입증해 나가기 위한 하나의 시도로 볼 수 있다. 사실 인간의 행위를 주체와 주체 사이의 의사소통을 중심으로 파악하려는 구상은 인간의 행위에 대한 전통적 이해 방식과 일정 부분 상충하는 것이 사실이다. 왜냐하면 아리스토텔레스 이래로 인간의 행위는 대체로 목적론적인 틀에 따라서 이해되어 왔기 때문이다. 인간의 행위는 주체가 고유한 목적을 실현하기 위해서 적절한 수단을 활용함으로써 객관 세계에 개입하는 활동으로 주로 이해되어 왔다는 것이다. 그리고 이러한 전통은 홉스나 로크로 이어지는 근대의 방법론적 개인주의의 전통 속에서 더욱 공고해진 것이 사실이다.

이러한 전통적 관점에서 사회적 행위는 주로 개인적 목표나 이익을 추구하는 활동으로 이해될 뿐이며, 사회질서 역시 이러한 개인들 사이의 전략적 타협의 산물로서만 이해되기가 쉽다. 기본적으로 인간을 자기이익을 추구하는 존재로 파악하는 이러한 관점에 따르면 합리성 역시 자기이익의 추구를 위한 전략적 계산의 기준으로서 고려의 대상이 될 뿐이다. 그러므로 이런 모델에 따르면 규범적인 합의를 지향하는 의사소통 행위 역시 전략적 협상 과정으로 파악될 수밖에 없을 것이다. 하버마스는 인간의 행위에 대한 이러한 일면적인 이해 방식을 극복하고 상호인정과 합의를 지향하는 '의사소통 행위'의 가능성과 그것이 가지는 고유성을 입증하고자 했다.

1) 노동과 상호작용

의사소통 행위개념이 체계화되기 이전인 1960년대부터 하버마스는 이미 노동과 상호작용 사이의 구별을 시도한 바 있다. 당시 그는 노동과 상호작용을 각각 주체와 객체, 주체와 주체 사이에서 성립하는 인간 행위의 양식으로 이해했다. 노동은 인간과 자연을 매개하는 행위의 양식이며, 상호작용은 인간과 인간을 매개하는 행위의 양식이라는 것이다. 그리고 인간과 자연을 매개하는 중심 매체가 도구라면, 언어는 인간과 인간 사이의 상호작용을 매개하는 중심 매체다. 하버마스는 노동이 객체를 대상화하고 다시 그것을 자기화하는 논리에 의해서 지배되는 반면에 상호작용은 분열과 화해의 논리에 기초를 두고 있다고 주장했다.

당시 하버마스는 자아와 타자의 변증법에 주목하는 예나 시기 헤겔의 강의들을 분석하면서 노동과 상호작용을 구별하고자 하는 자신의 논의를 시작했다. 그는 예나 시기에 이루어진 헤겔의 강의들을 분석하면서 적어도 이 시기의 헤겔에게는 노동, 언어, 상호작용이 질적으로 서로 구별되는 계기들로 파악되고 있었다는 사실을 밝히고자 한다. 하버마스는 이 시기의 헤겔에게는 이 세 매체들이 동일한 정신Geist이 자기를 실현하는 계기로 배치되는 것이 아니라 오히려 이질적인 세 계기들이 함께 더불어 정신을 형성하고 있었다는 사실을 강조한다.

이렇게 그는 헤겔의 논의를 빌려서 언어와 노동으로 표현되는 행위 양식과 상호작용은 서로 환원될 수 없는 고유성을 지녔다고 말하고자 했다. 물론 여기서 하버마스가 노동과 언어를 한 축으로 설정하고 상호작용을 이와 구별하는 것은 헤겔의 문헌에 대한 분석이 관련 논문의 일차적인 목적이었기 때문이다. 하버마스는 헤겔의 이 당시 문헌에서 언어가 가지는 상호주관적 성격이 간과되고 있는 것에 대해 이미 비판적인 견해를 가지고 있었다.

하버마스에 따르면, 노동을 통해 우리는 객체를 대상화하고 그것을 나의 욕구에 따라 이용할 수밖에 없지만, 상호작용에서 나와 만나는 너는 결코 그러한 대상으로 환원될 수 없다. 왜냐하면 너는 나라는 주체가 성립하기 위한 조건이요, 나와 동등한 권리를 가진 다른 주체이기 때문이다. 그렇기 때문에 노동과 상호작용 양자는 근본적으로 구조가 다른 인간적 행위의 고유한 양식들이다. 따라서 상호작용을 노동으로 환원하거나 노동을 상호작용으로부터 끌어내는 것은 불가능하다. 노동을 통해서 주체가 객체를 동일화하고 그것을 지배하려고 하는 반면에, 상호작용 속에서 주체는 다른 주체를 인정하고 그와 화해하고자 한다. 주체와 객체 사이의 관계는 대상화와 자기화의 과정으로 사유될 수 있지만, 주체와 주체 사이의 사랑과 투쟁의 변증법은 상호주관성의 차원에서 운동한다는 것이다.

주체가 객체와 맺는 관계는 대상화를 통한 자기실현의 과정, 즉 노동 과정으로 파악할 수 있다. 우리는 노동을 통해 대상을 이용하여 스스로의 의지를 실현한다는 것이다. 그러나 상호작용에는 규범적 차원을 포괄하는 분열과 화해의 변증법이 작동한다. 단지 대상의 지배만을 지향하는 노동의 원리를 통해서는 상호주관성의 차원에 접근할 수 없다. 이상의 논의에서 알 수 있듯이 당시 하버마스의 일차적인 목표는 노동과 상호작용이라는 두 행위 유형을 근본적인 차원에서 서로 분리해내는 것이었다. 양자는 서로 환원될 수 없는 고유한 인간 행위의 양식이라는 것이다.

물론 이러한 두 행위 양식 사이의 관계가 완전히 상호배제적인 것은 결코 아니다. 왜냐하면 현실적이고 총체적인 인간의 삶은 이 두 행위 양식들의 상호관계를 통해서만 진행되기 때문이다. 인간은 사회적인 존재인 동시에 자연적인 존재이기도 하다. 자연과의 관계와 사회적 관계라는 두 차원은 인간에게 주어진 불가피한 삶의 현실이다. 그렇기 때문에 현실적 삶의 운동을 해명하기 위해서 중요한 것은 이 양자의 상호관계를 분석하는 것이다.

하버마스는 언어, 노동, 가족이라는 세 가지 매체에서 언어를 제일 규정으로 삼고 있는 헤겔의 견해를 받아들인다. 왜냐하면 노동이나 상호작용은 이미 언어사용을 전제하고 있기 때문이다. 하버마스는 언어적 의미를 특정한 문화적 전승의 체계로 이해하고 노동과 상호작용은 이미 이러한 언어를 전제하고 있다고 주장한다. 나아가서 노동이라는 도구적 행위가 사회적 노동으로 파악되는 경우 그것은 이미 상호작용을 전제로 한다고 보아야 한다. 왜냐하면 이 경우 노동은 단지 주체-객체 관계뿐만 아니라 주체-주체 사이의 상호 인격적인 관계를 포함하기 때문이다. 이런 점에서 보면 사회적 노동은 상호작용의 계기 역시 함축한다고 할 수 있다.

노동과 상호작용 사이의 관계는 하버마스가 제도 개념에 대한 헤겔의 분석을 평가하는 부분에서 더욱 분명하게 드러난다. 그는 헤겔이 이미 법적 제도를 두 과정, 즉 노동과 인정투쟁의 산물로 이해하고 있다고 말한다. 법과 현실적 제도를 기반으로 하는 우리의 사회적 세계는 이미 노동과 상호작용이라는 두 계기들 간의 상호관계를 전제로 한다. 하버마스에 따르면 헤겔 자신도 이미 이러한 두 계기의 상호성에 주목하고 있다. 헤겔은 노동과 상호작용을 외적이고 내적인 자연의 폭력으로부터의 해방이라는 관점에서 연결하고 있다는 것이다. 이러한 분석을 통해서 하버마스는 사회 역사적인 현실의 운동은 노동과 상호작용이라는 두 계기의 변증법적 상호관계를 통해서만 진행된다는 사실을 지적하고 있다.

한편 노동과 상호작용의 관계를 통해 현실의 역사적 운동을 파악하고자 하면서, 하버마스는 자신의 작업을 마르크스의 작업과 비교하기도 한다. 그는 이를 위해 노동과 상호작용을 마르크스의 생산력, 생산관계 개념과 대비시킨다. 하버마스는 마르크스가 생산력과 생산관계라는 개념을 통해서 노동과 상호작용의 계기를 구별하고, 그 두 계기들 사이의 변증법적 연관을 탐구하고자 했다는 사실에 대해 우선 긍정적 평가를 내린다. 생산력과 생산관계라는 개념을 축으로 진행되는 마르크스의 역사유물론이 양자의 차이와 관계를 동시에 강조하는 노동과 상호작용의 변증법을 함축하고 있다는 것이다.

그렇지만 하버마스에 따르면 마르크스는 노동과 상호작용이라는 두 행위 유형을 철저하게 구별하지는 못했다. 그는 마르크스가 상호작용을 결국 노동이라는 개념으로 환원시킴으로써 두 행위 유형 사이의 구별을 망각했다고 비판한다. 마르크스는 결국 모든 행위를 도구적 행위로 환원함으로써 생산력과 생산관계의 변증법 역시 결국 생산의 자기운동으로 해소해 버렸다는 것이다. 이러한 하버마스의 평가에 따르면 결국 헤겔도 마르크스도 노동과 상호작용 양자의 관계를 적절히 해명하지는 못했다. 그리고 그 이유는 이들이 궁극적으로 노동과 상호작용이라는 두 행위의 유형을 엄밀하게 구별하고 그러한 구별을 끝까지 유지해내지 못했기 때문이다. 헤겔은 절대 정신의 자기실현이라는 발상 때문에, 마르크스는 생산의 자기운동이라는 개념 때문에 결국 양자의 구별을 부정하게 되었으며, 그 때문에 하버마스는 이 두 가지 행위 유형을 다시 한 번 분명하게 구별하려고 했던 것이다.

하버마스는 다음과 같은 진술로 노동과 상호작용의 구별에 대한 자신의 논의를 마감하고 있다. "굶주림과 힘겨움으로부터의 해방이 반드시 노예상태와 비천함으로부터의 해방과 수렴하는 것은 아니다. 왜냐하면 노동과 상호작용 사이에는 자동적 발전 관계가 있는 것은 아니기 때문이다. 그럼에도 불구하고 두 계기 사이의 관계는 존재한다. 예나 철학도 독일이데올로기도 그 연관을 충분히 설명하지는 못했다. 그러나 그들은 그것의 적실성을 확증할 수는 있다. 정신의 도야과정과 인류의 도야과정은 본질적으로 노동과 상호작용의 관계에 의존하고 있다."

요약하자면 노동과 상호작용이라는 두 가지 행위 유형을 구별하면서 하버마스가 주장하고자 한 바는 다음과 같다. 첫째, 두 행위 유형 사이에는 환원될 수 없는 본질적인 차이가 존재한다. 둘째, 그럼에도 불구하고 현실의 사회 역사적 운동은 이 두 행위 유형 사이의 밀접한 관계를 통해서만 진행된다. 그러나 당시 하버마스는 노동과 상호작용 양자의 관계를 아직 명확히 규명하지 못했으며 이로 인해서 여러 가지 혼란을 야기한 것으로 보인다. 그럼에도 불구하고 그가 이를 통해 목표로 하는 바는 비교적 분명하다.

하버마스는 상호주관성의 차원이 주체-객체 관계에 바탕을 두는 도구적 행위의 차원과 구별된다는 사실을 지적하고자 했으며, 이를 통해 도구적 행위의 절대화를 극복할 수 있는 새로운 방향을 제시하고자 했다. 상호작용 속에는 타자를 대상화하여 동일화하기보다는 타자에 대해 개방성을 가지고, 타자를 적극적으로 수용할 가능성이 내재해 있다는 것이다.

2) 도구적 행위, 전략적 행위, 의사소통 행위

이미 1960년대에 노동과 상호작용을 구별한 이후 하버마스는 『의사소통 행위이론』(1981)에서 더 진전된 행위 유형론을 제시하고 있다. 이를 검토하기 전에 잠시 주체와 주체 사이의 상호작용을 중심으로 사회적 행위를 이해한다는 것이 어떤 의미인지에 대해 먼저 생각해 보도록 하자.

사실 상호작용을 중심적 행위 유형으로 상정한다는 것은 일정 부분 행위에 대한 분석의 관점 자체를 변경할 것을 요구한다. 왜냐하면 이 경우 개별적 행위자의 의도나 계획 그리고 개별적 행위자와 세계 사이의 관계는 더 이상 분석의 중심대상이 아니기 때문이다. 오히려 이제는 개별적 행위자들 사이의 상호작용과 거기서 이루어지는 개별적 행위 계획들 사이의 조정이라는 문제가 논의의 중심대상이 되어야 한다. 그렇기 때문에 개별 주체의 행위 자체가 가지는 구조보다는 주체들 사이에 이루어지는 행위 조정의 구조가 더욱 중요한 의미를 가지게 된다. 그리고 이에 따라서 의식철학에 내재하는 행위 모델, 즉 고독하게 세계와 대면하는 행위자 모델은 자연스럽게 폐기된다는 것이다.

또한 이러한 기본관점의 변화는 '언어'에 새롭게 주목할 것을 요구한다. 왜냐하면 상호작용의 중심매체가 바로 언어이기 때문이다. 그 때문에 상호작용에 대한 분석은 20세기의 철학사적 사건으로 운위되는 '언어적 전회'와 밀접하게 연관될 수밖에 없다. 언어를 매개로 한 상호작용은 사회적 협업과 이를 토대로 이루어지는 사회질서가 성립하기 위한 가장 기초적인 조건이다. 그리고 이러한 상호작용은 언제나 언어적 의미의 이해를 전제로 한다. 그렇기 때문에 사회적 행위는 이제 근본적으로 의미 현상으로서 이해되어야만 한다. 우리가 인간적 행위나 그에 기반을 둔 사회적 질서에 접근하기 위해서는 우선 의미 연관을 파악해야만 한다. 그런 한에서 사회적 현상에 대한 우리의 접근은 근본적으로 해석학에서 말하는 이해Verstehen의 방법을 채택할 수밖에 없다.

인간 행위에 대한 이러한 분석 틀의 변화를 기초로 하여 그는 이제 『의사소통 행위이론』에서 자신의 행위 유형론을 다음과 같은 간략한 도표로 표현한다.

행위상황 \ 행위지향	성공지향	상호이해지향
비사회적	도구적 행위	-
사회적	전략적 행위	의사소통 행위

사실 행위 유형에 대한 이러한 구별은 그가 『이데올로기로서의 기술과 과학』(1968)에서 제시했던 행위 유형론과 전체적

108

인 구도나 명칭에서 큰 차이는 없다. 그는 당시에도 이미 노동, 합목적적인 행위라는 개념 속에 도구적 행위와 전략적 행위를 포섭시키고, 의사소통 행위를 이와 구별했다. 그리고 도구적 행위와 전략적 행위를 각기 기술적 규칙과 선호규칙(가치체계)을 따른다는 점에서 구별한 바 있다. 그렇지만 위의 분류가 초기의 구별들과 명확히 구별되는 지점은 그가 전략적 행위를 사회적 행위 안에 분명하게 포섭시키고 있다는 점이다.

어쨌든 위의 도표에서 하버마스가 행위 유형을 구별하는 기준은 크게 두 가지다. 우선 행위자의 입장에서 각각의 행위가 무엇을 지향하고 있는가에 따라 성공지향적 행위와 상호이해지향적 행위가 구별된다(1). 만일 행위자가 자신의 행위계획을 성공적으로 달성하는 데만 목적을 둔다면, 그 행위는 성공지향적인 행위에 속한다. 그러나 행위자가 자신의 행위계획을 실현하는 것보다는 상대방과의 상호이해와 동의를 목표로 한다면, 이 경우 그 행위는 상호이해지향적인 행위에 속한다.

다음으로 그 행위가 이루어지는 상황이 사회적인지 비사회적인지에 따라 행위 유형이 구별된다(2). 여기서 사회적 상황이란 그 행위의 상대방으로서 말하고 행위하는 주체가 고려되어야 함을 의미한다. 전략적 행위나 의사소통 행위는 적어도 한 사람 이상의 다른 주체와 관련되기 때문에 사회적 행위의 유형이며, 도구적 행위는 오로지 대상에 대한 기술적인 처리만을 염두에 두는 행위이기 때문에 비사회적 행위에 속한다.

그리고 위의 도표에서 비어 있는 칸은 비사회적 상황에서는 상호이해를 지향하는 행위가 등장할 수 없다는 것을 보여준다. 상호이해를 지향하는 행위가 성립하기 위해서는 말하고 행위하는 주체가 상대방으로서 반드시 필요하기 때문에 비사회적 행위에는 도구적 행위 유형 하나만이 배분되어 있다.

그리고 전략적 행위와 의사소통 행위는 개별적 행위자들 사이의 행위 조정이 어떤 방식으로 이루어지는가에 따라서 구별된다. 앞서 언급한 바와 같이 여기서 중요한 것은 고독한 행위자의 행위 의도나 구조가 아니라 사회적 행위자들 사이의 행위 조정이다. 하버마스는 행위 계획이 어떻게 조정되는가를 구별하기 위한 기준으로 '동의'와 '영향'이라는 개념을 제시하고 있다.

인간이 협력하여 행위하기 위해서는 언제나 상황에 대한 모종의 공동인식이 필요하다. 그리고 행위자들이 동의를 통해서 이러한 상황에 대한 인식을 공유할 때, 의사소통 행위는 성립한다. 행위자들은 특정한 주장을 타당한 것으로 받아들이고, 이를 통해 상황을 동일하게 정의함으로써 동의에 도달한다. 그리고 이에 기초해서 각자의 행위 계획들을 조정해 나간다. 물론 이러한 동의에 이르는 과정은 언제나 상대방의 비판적 평가, 즉 '예-아니오'라는 답변에 궁극적으로 열려 있다.

반면에 전략적으로 상대방의 행위에 영향을 미치려고 하는 경우 상대방의 태도는 주된 고려 사항이 아니다. 이 경우에는 상황에 대한 공통적 인식에 도달하는 것보다는 자신만의 행위 계획을 실현하는 것이 일차적인 목적이다.

하버마스는 전략적 행위와 의사소통 행위가 참여자 자신에 의해서 직관적으로 구별될 수 있다는 사실을 강조한다. 이러한 직관적인 구별에서 기준이 되는 것은 물론 행위자 자신이 성공지향적인 태도와 상호이해지향적인 태도 중 어떤 태도를 취하고 있는가 하는 것이다. 행위자 자신은 스스로의 계획을 실현하기 위해 상대방에게 영향력을 미치려고 하는지 아니면 상대방과 진정으로 어떤 동의에 도달하려고 하는지를 직관적으로 알 수 있다는 것이다.

　행위 유형들을 이렇게 구별하면서 하버마스가 동시에 염두에 두고 있는 것은 의사소통 행위가 도구적 합리성을 넘어서는 포괄적 합리성의 지평을 담지하고 있다는 사실이다. 도구적 행위와 전략적 행위의 경우 이러한 행위 유형들이 전제하는 합리성은 목적합리성 혹은 도구적 이성일 뿐이다. 왜냐하면 이 경우 행위자는 자신과 마주 서 있는 타인을 포함하여 세계 전체를 자신의 의도를 실현하기 위한 수단이나 대상으로만 고려하게 되기 때문이다. 적어도 이런 점에서는 사회적 대상과 물리적 대상이 전혀 구별되지 않는다. 반면에 의사소통 행위에서 주체들은 의사소통의 상대방인 사회적 존재와 의사소통의 대상이 되는 그것(대상)을 반드시 구별할 수 있어야만 한다.

　전략적 행위와 의사소통 행위의 구별은 우리가 뒤에서 살펴보게 될 그의 이층위적 사회이론이 성립하기 위한 핵심적 근거이기도 하다. 하버마스는 행위 유형에 대한 그의 구별과 관련하여 체계와 생활세계라는 개념을 도입하고, 이를 통해 사회에 대한 이층위적 분석을 시도하고 있기 때문이다. 이런 점에서 의사소통 행위의 가능성을 확보하고 그 개념을 명확히 규정하는 것은 인간 종의 재생산 과정에 자기보존의 이념과 더불어 상호이해의 이념이 내재한다는 하버마스의 근본 직관이 가지는 정당성을 입증하기 위해서뿐만 아니라, 그의 사회이론 전체를 지탱하기 위해서도 필수적인 작업이라고 할 수 있다.

그러나 그간 하버마스가 제시한 행위 유형의 구별들과 그 구별의 기준들에 대해서 많은 오해 혹은 비판들이 제기되어 왔다. 먼저 의사소통 행위 역시 일종의 목적론적 행위 유형에 지나지 않는다고 주장하는 경우들이 있다. 의사소통 행위가 목적론적 요소들을 포함하는 바와 같이, 목적론적 행위는 의사소통적 요소를 포함한다. 따라서 두 가지 행위 형태는 하버마스가 생각하는 것처럼 명확하게 분리되지 않는다는 것이다. 이러한 비판은, 의사소통적 상호이해라는 것도 여전히 특정한 목적을 전제로 하고 있으며, 그런 한에서 모든 행위 유형은 결국 목적론적 행위로, 나아가서 도구적 행위로 환원될 수 있다는 주장으로 확대될 가능성이 있다. 그러므로 이는 하버마스의 시도에 대한 전면적인 문제 제기를 함축한다고 볼 수 있다. 이와 더불어 도구적 행위나 노동의 협업적 수행에서도 언어적 상호작용이 매개가 되기 때문에 의사소통 행위가 도구적 행위나 전략적 행위와 엄밀하게 구별되지 않는다는 비판도 제기되었다.

　이제 세 행위 유형들 사이의 관계를 다시 한 번 살펴보면서 이러한 비판들을 검토해 보자. 우선 목적론적 행위와 의사소통 행위의 관계부터 살펴보자. 개별적 행위자가 존재하고, 그 행위자를 중심으로 모든 행위를 분석하는 한에서, 우리는 목적론적 행위 구조의 보편성을 인정해야만 한다. 각 개인은 언제나 자신만의 목적을 가지고 있으며 그러한 목적에 따라서 행동하기 때문이다. 하버마스 역시 의사소통 행위에 참여하는 당사자들이 나름대로의 목적을 추구한다는 사실 자체는 부정하지 않는다. 그러나 하버마스가 주목하는 사실은 행위자 각각이 자신의 목적을 추구하는 과정이 아니라, 행위자들이 각자의 행위를, 각자의 행위 계획들을 서로 조정해 나가는 과정이다.

　앞서 지적한 바와 같이 의사소통 행위는 개별적 행위 주체의 의도나 그 의도의 실현과정을 지시하는 개념이라기보다는 그들 사이의 행위 조정 과정을 지시하는 개념이다. 개별적 행위자들은 물론 각자의 목적과 계획을 가지고 있다. 하버마스도 이러한 사실을 잘 알고 있다. 그렇지만 그의 논의의 초점은 개별적 행위자들이 자신의 행위 계획이나 의도를 실현하기 위해서 상대방과 더불어 행위 계획을 조정하는 과정에 맞춰져 있다. 개별적 행위자들이 각자의 목적을 추구하기는 하지만 그들이 각자의 목적을 실현하기 위해 행위를 조정하는 국면에서 상호이해가 일차적인 목표가 될 때 의사소통 행위는 성립한다. 그들이 합의를 통해서 행위를 조정하고자 한다면, 그 행위 조정의 국면에서는 적어도 자신의 행위 계획을 실현하는 것이 일차적인 목적이 될 수 없다. 행위 조정의 국면에서는 각자의 주장이 가지는 타당성 요구의 근거들만이 문제가 되며, 이 과정에서 합의가 형성되어야 한다.

이렇게 보면 도구적 행위와 의사소통 행위가 실제적인 상황 속에서 서로 결합한다는 것도 아무런 문제가 되지 않는다. 행위 조정을 모색하는 개별적 행위자들은 언제나 각자의 목적을 가지고 있으며 이를 실현하기 위해 도구적으로 행위한다. 그렇지만 행위 계획을 실현하기 위해서 각각의 행위 계획들 사이에 조정이 필요한 경우에 그들은 의사소통 행위를 수행한다. 그렇기 때문에 도구적 행위는 전략적 행위나 의사소통 행위 양자와 모두 결합할 수 있다.

하버마스는 전략적 행위 안에서 언어라는 매체가 활용된다는 사실 역시 부정하지 않는다. 사회적 행위의 중심 매체가 언어인 한에서 언어는 분명 전략적 행위의 매체이기도 하다. 중요한 것은 이 경우 언어적 의사소통이 가지는 본래성이 충분히 발휘되지 않는다는 사실이다. 전략적 행위의 경우는 언어적 의사소통 이외의 다른 요소들이 상대방의 행위에 영향을 미치기 위한 요소로 동원되기 때문이다. 전략적으로 행위하는 주체에게는 언어적 의사소통도 다른 모든 수단들과 마찬가지로 하나의 수단에 불과하다. 전략적 행위에서도 일관된 언어사용을 지향한다는 의미에서 의사소통 수단이 도입되기는 하지만 의사소통 행위에서처럼 그 자체가 행위 조정의 메커니즘으로 기능하지는 않는다는 것이다.

행위 유형들 사이의 관계나 구별을 해명할 때 일차적으로 중요한 것은 개별적 행위의 구조와 행위 조정의 문제를 혼동하지 않는 것이다. 왜냐하면 개별적 행위 주체를 모델로 삼게 되면, 하버마스가 주목하고 있는 상호작용의 차원이 다시 의식철학의 주체–객체 모델로 환원될 수 있기 때문이다. 의사소통 행위의 모델을 다시 목적론적 행위 모델로 포섭시키는 경우가 이러한 오해의 전형이라고 할 수 있다. 나아가서 언어적 매체라는 것 자체가 의사소통 행위를 나타내는 표징이 아니라는 사실도 중요하다. 이에 대해서는 아래에서 좀 더 자세히 살펴보도록 하겠다.

3) 의사소통 행위의 구조

우리는 위에서 하버마스가 제시하는 행위 유형들 사이의 구별과 그것들 사이의 관계를 살펴보았다. 그런데 하버마스는 그의 행위 유형론을 통해 단지 의사소통 행위를 다른 행위 유형들로부터 구별하고자 할 뿐만 아니라 의사소통 행위에 더욱 풍부한 합리성의 차원이 존재한다는 사실 역시 밝히려고 한다. 그렇기 때문에 그는 의사소통 행위를 도구적, 전략적 행위와 구별해야 할 뿐만 아니라 나아가서 의사소통 행위가 도구적, 전략적 합리성을 어떤 방식으로든 포섭하는 행위의 유형이라는 사실 역시 입증해야만 한다.

하버마스의 문제의식이 1세대들의 이성비판의 일면성에 대한 대안을 제시하는 것을 목적으로 한다는 점을 고려할 때, 의사소통 행위의 가능성과 더불어 그것에 내재하는 포괄적 합리성을 입증하는 것은 그가 반드시 해결해야만 하는 과제라고 할 수 있다. 이를 위해서는 우선 도구적 질서로 환원될 수 없는 인식과 행위의 영역이 존재한다는 사실을 입증해야 하며, 나아가서 그 영역이 더욱 풍부한 합리성의 차원을 함축하고 있다는 사실 역시 밝혀 주어야만 한다. 왜냐하면 하버마스가 지향하는 목표는 의사소통 합리성을 포괄적 합리성으로 제시하고, 이를 통해 도구적 이성이 본래적인 이성을 왜곡하거나 축소한 결과물이라는 사실을 입증하는 것이기 때문이다.

이제 의사소통 행위의 내적 구조를 좀 더 자세히 살펴보면서, 하버마스가 이러한 자신의 주장을 어떻게 입증해 나가는지를 검토해 보도록 하자. 위에서 우리는 의사소통 행위와 전략적 행위를 행위자 자신이 어떠한 의도를 가지는가, 즉 '동의'와 '영향'(혹은 상호이해와 성공) 가운데 어떤 것을 지향하는가를 통해서 구별하였다. 의사소통 행위는 행위자가 상호이해, 동의를 목표로 하는 사회적 행위이며, 전략적 행위는 행위자가 자신의 행위 계획을 실현하기 위해 타인에 대해 영향력을 행사하려고 하는 사회적 행위다.

그렇지만 만일 우리가 행위자들 자신의 내적이고 심리적인 의도라는 기준에만 호소하여 사회적 행위의 유형들을 구별하고자 한다면, 그 구별은 행위자의 주관적 심리상태에 의존해서 제시될 수밖에 없게 될 것이다. 이러한 난점을 피하기 위해서는 의사소통 행위가 가지는 특징을 좀 더 공적이고 객관적인 방식을 통해 규정해야 한다. 다시 말해서 의사소통 행위와 전략적 행위는 행위자의 태도를 넘어서는 그 구조적 특징에 의해 구별되어야만 한다. 이를 위해 하버마스는 의사소통 행위의 중심 매체인 '언어'를 탐구함으로써 의사소통 행위에 대해 좀 더 객관화된 규정을 제시하고자 한다.

이제 하버마스는 의사소통 행위를 언어행위의 차원에서 분석한다. 여기서 분석의 대상이 되는 언어는 구체적인 언어행위이며, 그렇기 때문에 언어에 대한 분석은 언어가 사용되는 실제적 맥락에서, 즉 화용론Pragmatik의 차원에서 진행된다. 전통적인 언어분석철학은 주로 언어가 세계를 기술하는 측면을 분석하는 데만 몰두해 왔다. 하버마스에 따르면 언어에 대한 이러한 편협한 견해는 서양의 로고스중심주의의 한 사례,

즉 이성개념의 인지주의적 축소를 보여주는 한 사례이다. 주체가 자신의 표상들 또는 명제들을 통해서 관계 맺을 수 있는 '세계'는 대상들 또는 실재하는 사태들의 총체로서 파악되었다는 것이다. 이러한 구도 속에서는 명제가 세계를 기술하는 방식만이 중요한 문제가 될 수 있다.

그렇지만 이러한 언어분석철학의 전통은 의사소통 행위에서 드러나는 풍부한 타당성 요구와 그에 상응하는 세계 개념들을 고려할 때 너무 빈약한 것이다. 그렇기 때문에 하버마스는 이러한 언어분석철학의 전통에 대한 후기 비트겐슈타인의 반성에 주목하게 된다. 비트겐슈타인은 그가 전기의 『논리-철학 논고』에서 상정했던 언어관을 비판, 극복하면서 후기 저작인 『철학적 탐구』에서는 언어사용의 사회적 차원에 주목하고 있다.

언어의 의미를 그 사회적 쓰임의 차원에서 파악함으로써 비트겐슈타인은 전통적인 지시적 의미론의 한계를 극복하고 실제적인 언어사용이 가지는 풍부한 화용론적 차원에 주목하게 된다. 그리고 이러한 그의 작업은 이후 오스틴J. L. Austin과 설J. R. Searle을 통해서 언어행위 이론으로 구체화되어 나간다. 하버마스는 이러한 작업들을 바탕으로 의사소통 행위에 대한 자신의 분석을 진행해 나가고자 한다. 이제 사태에 대한 판단이나 명제의 분석을 넘어서는 다양한 언어행위들이 분석의 중심대상이 된다. 이러한 화용론적 분석에서는 언어행위가 가지는 서술 기능뿐만 아니라 상호인격적 관계의 산출, 체험의 표현이라는 복합적인 차원이 중요한 관심사가 된다.

하버마스는 언어행위에 대한 자신의 분석 작업을 '형식화용론formale Pragmatik'이라고 부른다. 형식화용론의 목표는 언어적 의사소통 혹은 상호이해가 가능하기 위한 보편적인 조건을 탐구하는 것이다. 그는 성공한 언어적 의사소통 행위의 조건을 분석함으로써 이러한 작업을 진행하고 있다. 이를 통해서 그는 언어행위가 성공적으로 이루어지기 위해 필요한 일반적 능력을 탐구하고, 의사소통 행위가 가지는 보편적 구조를 재구성하고자 한다. 이러한 작업을 통해 그가 밝히고자 하는 것은 화자의 언어행위에는 다양한 타당성 요구가 내재하며 그에 대한 청자의 수용이나 거부를 통해 의사소통 행위가 성립한다는 사실이다.

구체적인 언어행위를 분석하기 위해서 하버마스는 먼저 오스틴이 제시한 발화적lokutionär, 발화수반적illokutionär, 발화결과적perlokutionär 행위라는 구별을 활용한다. 한 언어행위는 명제적 내용을 제시할 뿐만 아니라 그와 동시에 하나의 행위를 구성한다. 오스틴은 한 언어행위가 제시하는 명제적 내용의 측면을 발화적 행위로, 그에 의해 성립하는 행위의 측면을 발화수반적 행위로, 그리고 그에 의해 초래되는 효과, 즉 결과의 측면을 발화결과적 행위로 구별하고 있다. '나는 내일 이곳으로 올 것을 너에게 약속한다'라는 말을 예로 들어보자. 이 경우 내일 내가 이곳으로 올 것이라는 발화의 내용은 발화적 행위로, 그것을 약속한다는 행위의 측면은 발화수반적 행위로, 그리고 이를 통해서 듣는 이에게 어떤 효과가 나타난다면(그약속에 안심하거나, 위협을 느낀다면) 그것은 발화결과적 행위로 이해할 수 있을 것이다. 우리는 한 언어행위를 통해서 무엇인가를 말하며, 무엇인가를 말하면서 행위하고, 무엇인가를 말하며 행위함으로써 어떤 것을 야기한다.

그런데 하버마스의 분석에 따르면, 발화결과적 효과는 본래적 언어사용이 아니다. 왜냐하면 발화결과적 효과는 단지 언어 외적인 요소들을 통해서만 명료해질 수 있기 때문이다. 예를 들어 '나는 그것을 인정할 수 없다'는 말을 통해 화자가 청자를 위협하고 있는 경우 그것은 단지 언어 외적인 맥락을 통해서만 전달될 수 있다. 언어행위 자체를 통해서 표현되는 것은 단지 청자가 화자의 주장을 인정하지 않는다는 사실뿐이다. 이것이 위협이 될지 혹은 단순한 의사표현이 될지는 전적으로 외적이고 우연적인 상황에 의존한다. 그렇기 때문에 발화결과적 언어행위의 도움으로 성취될 수 있는 것은 언어행위가 목적론적이고 성공지향적인 행위에 포섭되는 한에서만 가능하다. 발화결과적 효과는 언어 행위가 전략적 상호작용의 연관 속에 통합되었다는 표시이다. 그렇기 때문에 언어적 행위의 본래적 양태는 발화수반적 행위에 대한 분석을 통해서 이해되어야만 한다는 것이다.

이러한 분석을 통해서 이제 의사소통 행위는 발화수반적 언어 행위를 통해 이루어지는 행위 조정의 한 양식으로 새롭게 정의된다. 하버마스가 말하는 의사소통 행위는 언어행위의 순수하고 근본적인 양태로서 발화결과적인 효과와는 무관하게 발화수반적인 힘에 의해서 이루어지는 행위 조정을 의미한다. 그는 모든 참여자들이 그들의 언어행위를 통해 발화수반적 목적을 그리고 오로지 그 자체만을 추구하는 언어적으로 매개된 상호작용들만을 의사소통 행위로 간주한다. 반대로 적어도 참여자들 중의 한 사람이 그의 언어행위로 상대방에게 발화결과적 효과를 야기하고자 하는 상호작용을 그는 언어적으로 매개된 전략적 행위로 규정한다.

의사소통 행위는 상황에 대한 공동의 인식을 성취하고자 하는 사회적 상호작용의 상황을 모델로 삼고 있다. 그리고 하버마스는 이러한 상호작용 과정을 화자와 청자의 언어적 의사소통 과정을 통해서 분석하고자 한다. 물론 이러한 분석의 최소 단위는 화자의 구체적인 언어행위다. 하버마스의 분석에 따르면, 구체적 언어행위들은 다양한 타당성 요구들을 동시에 제기하며, 각 타당성 요구는 그에 상응하는 세계 개념과 관련된다. 의사소통 행위의 개념은 행위자를 객관적, 사회적, 주관적 세계 내에 존재하는 어떤 것과 관계를 맺으면서 받아들여질 수도 있고 거부될 수도 있는 타당성 주장들을 서로에게 제기하는 화자이자 동시에 청자로서 고찰할 것을 요구하고 있다.

언어행위를 통해 화자는 다양한 타당성 요구들을 제기한다. 그는 무엇인가를 주장하거나, 요구하거나, 표현하고자 하며 동시에 그러한 주장, 요구, 표현 등이 적절한 것으로 청자에 의해서 받아들여지기를 희망한다. 하버마스는 언어적 의미에 대한 우리의 이해 자체가 이러한 타당성 요구들과 깊이 연관되어 있다고 말한다. 우리가 한 언어행위를 받아들일 만하게 만드는 것이 무엇인지를 알 때, 우리는 그 언어행위를 이해한다는 것이다. 우리가 한 발화의 의미를 이해하고 나아가서 그것을 수용하기 위해서는 그러한 발화가 제기하는 타당성 요구의 근거가 가지는 합리성을 평가할 수 있어야만 한다.

그리고 여기서 청자는 화자의 타당성 요구에 대한 평가자 혹은 비판자의 역할을 한다. 화자의 언어행위에 대해 청자는 각각의 타당성 요구를 고려하면서 발화자의 주장에 대해 예-아니오의 태도를 취할 수 있다는 것이다. 청자는 화자가 제기한 타당성 요구가 가지는 근거를 받아들이거나 필요한 경우 근거가 제시될 수 있다는 보증을 받아들임으로써 화자의 언어행위에 동의할 수 있다. 그리고 화자의 타당성 요구와 청자의 응답을 기본구조로 하는 의사소통 행위에서 화자와 청자가 궁극적으로 지향하는 것은 '상호이해와 동의'라는 목표다. 그들은 이러한 상호이해에 바탕을 두고 그들의 행위 계획들을 조정해 나간다.

하버마스는 한 언어행위에 내재되어 있는 타당성 요구의 목록을 제시하기 위해서 언어행위가 청자에 의해 거부될 수 있는 방식들을 검토한다. 그의 분석에 따르면 상호이해를 지향하는 화자의 언어행위는 세 가지 타당성의 차원을 동시에 포함하며, 그 세 차원에서 각각 비판될 수 있다. 하버마스가 들고 있는 예를 약간 변형해서 이용해 보도록 하자. 어떤 교수가 조교에게 수업 중에 "은행에 가서 공과금을 좀 내고 오게"라고 말한다고 해보자. 이에 대해서 조교는 "1. 아니요, 나는 당신의 비서가 아닙니다; 2. 아니요, 당신은 동료들 앞에서 내게 모욕을 주려고 하는군요; 3. 아니요, 이미 은행은 문을 닫았습니다"라는 식으로 그 요구를 거부할 수 있을 것이다. 이 각각의 거부에는 규범적 올바름(나는 스승으로서 너에게 사적인 심부름을 시킬 수 있다), 의도의 진실성(나는 진심으로 네가 공과금을 내고 오기를 바란다), 객관적 진리(네가 은행에 공과금을 내러갈 수 있는 객관적 상황이 갖춰져 있다)에 대한 문제 제기들이 각각 포함되어 있다. 이러한 각 차원에서의 요구들을 하버마스는 타당성 요구라고 명명하며, 이 요구들 각각이 합리적 비판의 대상이 될 수 있다고 말한다. 의사소통 행위 속에서 우리는 객관적 세계에 대한 진리 요구뿐만 아니라 사회적 세계에 대한 규범적 올바름 요구, 내적 세계에 대한 진실성 요구를 제기한다.

나아가서 하버마스는 이러한 세 가지 타당성 요구에 상응하는 세 세계 개념을 상정한다. 행위자들은 의사소통적 언어행위를 통해 세계들 속에 있는 어떤 것과 관계하면서 자신의 발화의 타당성을 주장한다. 객관적 세계를 참조할 때 행위자는 진리 요구를, 사회적 세계를 참조할 때 올바름 요구를, 주관적 세계를 참조할 때 진실성 요구를 제기한다. 이를 통해 하버마스는 세계를 객관적 사실들의 총체로 정의하는 것에 반대하고 있다. 왜냐하면 이런 식의 세계 개념은 고독한 주체와 그에 의해 대상화된 세계라는 근대적 주체-객체 모델을 이미 전제하고 있기 때문이다. 이러한 세계 개념에서는 사회적이고 규범적인 사실이나 개인의 내면적 세계가 들어설 여지가 없다. 그렇기 때문에 도덕적이고 심미적인 차원은 인지적 의미를 박탈당하고 정서적이고 자의적인 영역으로 추방될 수밖에 없다. 이러한 세계 개념의 축소를 피하기 위해 하버마스는 포퍼Popper의 3세계 이론을 원용하여, 객관적 세계, 사회적 세계,

주관적 세계라는 세 세계 개념을 제시한다.

하버마스는 의사소통 행위에서 제기되는 타당성 요구와 세계 연관의 이러한 복합성을 통해 의사소통 행위에 내재하는 포괄적인 합리성의 차원을 보여주고자 한다. 의사소통 행위는 세계 내에 존재하는 '무엇인가에 대한 상호이해'를 지향한다. 그러므로 의사소통 행위는 근본적으로 주체-객체 관계와 주체-주체 관계라는 두 영역을 모두 포괄하는 구조를 갖는다. 객관적 세계에 대한 수직적 시선은 상호주관적으로 생활세계를 공유하고 있는 구성원들에 대한 지평적 연관과 뒤얽혀 있다. 세계의 객관성과 상호이해의 상호주관성은 서로를 지시한다. 물론 의사소통의 대상도 단지 물리적 사태만을 의미하지 않는다. 이와 같이 의사소통 행위는 세계연관의 풍부성이라는 점에서 보나 상호주관성의 차원을 포괄한다는 점에서 보나 도구적, 전략적 행위를 능가하는 복합성을 담지하고 있다.

한편 다양한 타당성 요구와 그에 대한 인정과 비판을 기초로 성립하는 이러한 의사소통의 과정은 결코 진공상태에서 이루어지지 않는다. 구체적 의사소통은 언제나 복잡한 맥락과 그것이 형성하는 의미연관을 전제할 수밖에 없기 때문이다. 의사소통 행위가 가능하기 위해서는 반드시 참여자 모두가 공유하는 생활세계의 배경이 필요하다. 생활세계Lebenswelt는 맥락을 형성하는 지평으로서 그때마다 언어 상황을 규정한다. 동시에 생활세계는 문제가 되지 않는 전반성적인 배경으로서 상호이해를 이루어 나가는 데서 중요한 역할을 수행한다. 생활세계와 의사소통 행위는 이처럼 보완적 양태로 상호 관련을 맺고 있다.

구체적인 행위는 언제나 복잡한 맥락 속에서 이루어진다. 의사소통은 이미 언어를 전제하며, 나아가서 그 언어가 사용되는 구체적이고 사회적인 맥락을 요구한다. 생활세계는 일차적으로 이러한 복합적인 의미의 맥락을 지시한다. 그뿐만 아니라 생활세계는 타당성 요구를 정당화할 때 그 전제가 되기도 한다. 생활세계는 또한 어떤 상황에서 생겨난 상호이해의 필요를 합의 가능한 해석을 통해 충족시키기 위해 의사소통 참여자들이 길어 올릴 수 있는 믿음의 저수지를 제공한다.

의사소통에 참여하는 모든 사람들은 이미 생활세계적 지평안에 존재하며, 행위자들에 의해 주제화되어 담론의 대상이 될 수 있는 것은 단지 생활세계의 한 단면일 뿐이다. 반면에 생활세계 전체는 결코 의식적으로 주제화될 수 없는 자명한 지평으로 배후에 머문다. 그런 점에서 생활세계는 행위자들에게 선험적으로 존재하며, 행위자들은 생활세계 전체를 결코 초월할 수 없다. 하버마스는 이러한 생활세계 개념을 의사소통 행위의 배경으로, 보완 개념으로 제시하고 있다.

지금까지 우리는 의사소통 행위개념을 중심으로 하버마스가 제시하는 행위 유형론에 대해 살펴보았다. 하버마스의 이러한 행위 유형론은 그가 제시하고 있는 합리성 이론 및 이층위적 사회관의 기초가 되고 있다. 이는 '의사소통 행위'라는 개념이 사실상 하버마스의 전체 작업을 뒷받침하고 있음을 의미한다. 그는 '의사소통 행위'라는 개념을 통해 비판이론 1세대들이 합리성 전체를 도구적 이성으로 환원하려 했던 시도 그리고 그와 연관된 비관적 시대진단 전반에 대해 저항할 수 있는 교두보를 확보하고 있는 것이다.

3
의사소통 이성

이제 의사소통 주체와 행위에 대한 앞에서의 고찰에 근거하여 의사소통 행위 속에서 구현되는 의사소통 이성의 구체적 특징과 의미에 대해서 살펴볼 차례다. 하지만 의사소통 이성에 관한 하버마스의 논의가 가지는 현대적 의미와 위상을 가늠해 보기 위해서 먼저 이성비판을 둘러싼 현대적 논쟁의 구도에 대해 간략히 검토해 보도록 하자.

1) 현대적 이성비판의 두 전략

하버마스가 제시하는 의사소통 이성개념은 근대성modernity의 한계를 둘러싸고 전개되는 현대적 반성을 그 배경으로 하고 있다. 근대성에 대한 평가를 둘러싸고 전개되는 논쟁에서 탈근대주의자들은 근대를 이미 소진되어 버린 기획이라고 평가하면서 그 울타리를 넘어서는 탈근대를 지향하고자 한다. 반면에 하버마스는 이에 맞서 근대를 '미완의 기획'으로 규정하면서 오늘날에도 우리가 여전히 추구하고 완성해야 할 이념으로 평가하고 있다. 이러한 논쟁은 하버마스와 리오타르 사이의 직접적인 논쟁을 통해서 세인들의 주목을 받기도 하였다.

근대의 기획에 대한 이러한 상반된 견해는 이들이 이성적 사유의 잠재력에 대해 내리고 있는 근본적으로 상이한 평가를 반영하고 있다. 근대를 소진된 기획으로 보는 편에서는 근대적 이성이 가지는 지배성과 폭력성을 고발하며 그것의 폐기 혹은 단절을 주장하고자 한다. 반면에, 근대의 기획을 고수하고자 하는 하버마스는 의사소통의 차원을 중심으로 삼아 근대적 이성을 새롭게 재구성하려고 한다. 그는 근대적 이성이 가지는 도구성과 그로 인한 한계를 주체-객체 구도에 기반을 둔 의식철학 패러다임이 가지는 제약성으로 설명하면서, 의사소통 패러다임으로의 전회를 통해 포괄적인 이성의 이념을 새롭게 제시하고자 했다.

그러나 결론적으로 드러나는 이러한 대립에도 불구하고 계몽적 이성이 가지는 한계에 대한 반성은 이들의 사유가 출발하는 공통의 지반을 형성한다. 그들은 근대적 이성이 가지는 도구적 성격과 그것이 가지는 지배적이고 폭력적인 성향을 극복하고자 한다는 점에서는 동일한 목적을 가지고 있다. 따라서 양자의 대립은 근대성이 야기한 병리적 효과들을 어떻게 이해하고 극복할 것인가 하는 전략상의 차이에서 유래한다고 할 수 있다. 동일한 문제로부터 출발해서 서로 대립하는 대응 전략들이 등장하였으며, 이들은 이성이라는 개념을 중심으로 전선을 형성해 나갔다.

이와 같이 오늘날 한편에서는 근대성의 한계에 대한 반성이 적극적으로 전개되고 있지만, 다른 한편에서는 오늘날 과학주의가 차지하는 지배적 위상에서 확인할 수 있는 바와 같이 여전히 근대적 이성을 고수하는 입장들이 강력하게 유지되고 있다. 이 때문에 하버마스는 이성개념을 둘러싼 현대의 논쟁에는 근본적으로 대립하는 두 진영이 존재한다고 말하기도 한다. 포스트모더니즘으로 대표되는 한 진영에서는 전통적 주체와 이성의 개념을 폐기하고, 이성에 의해 억압되고 배제되어 온 차이, 타자를 복권시키고자 한다. 이제 이성이 추구해 온 통일성, 보편성, 객관성의 이념은 폐기되고 복수성, 특수성, 상대성이 그 자리를 대신해야 한다는 것이다. 이를 통해 동일성 대신에 차이, 타자의 우선성이 선언된다. 반면에 다른 한편에서는 여전히 이성의 통일성, 보편성, 객관성이라는 이념을 굳건히 고수하면서 모든 인간의 인식을 과학적이고 인과적인 지식의 형태로 환원하고자 한다.

하버마스는 이렇게 대립하는 두 진영에 상대주의와 절대주의라는 고전적 명칭을 부여하면서 각 진영의 견해가 고유하게 가지고 있는 원칙적 한계를 지적한다. 먼저 포스트모더니즘으로 대변되는 총체적 이성비판의 시도에 대한 그의 비판에 따르면, 이 시도는 상대주의나 비합리주의로 귀결될 수밖에 없다. 포스트모더니스트들의 비판 전략은 이성 전체에 대한 비판을 함축하고 있기 때문이다. '주체 외부에 존재하는 객체', '이성의 내부와 외부라는 구별을 전제하는 이성의 타자'라는 표현 등은 이미 이들의 반성이 이성에 대한 총체적 비판의 전략을 선택하고 있음을 보여준다.

그렇지만 하버마스에 따르면, 이러한 총체적 이성비판은 앞서도 지적한 바와 같이 수행적 모순을 함축하기 때문에 스스로의 입장을 이론적으로 정당화할 수 없게 된다. 이들의 비판 전략 자체가 그들로 하여금 수행적 일관성의 요구를 지킬 수 없게 만들기 때문이다. 하버마스(그리고 아펠)의 평가에 따르면 담론은 그것이 성립하기 위한 필수적인 조건들을 필요로 한다. 예를 들어 담론이 성립하려면 적어도 화자가 자신의 의도를 진실하게 밝혀야 하며, 상대방을 이성적 주체로 인정해야만 하고, 스스로의 주장을 정당화하는 일이 필요한 경우 이를 받아들여야만 한다는 것이다.

이와 마찬가지로 수행적 일관성 역시 합리적 담론의 필수적인 조건을 구성하고 있다. 그러나 이성에 대한 총체적 비판은 이러한 일관성 요구를 부정함으로써 결국 자기모순에 빠진다. 개념적 사유 자체를 넘어서려는 시도, 철학을 문학화하려는 시도, 모든 지식을 맥락 의존적인 의견이나 믿음으로 환원하려는 시도, 인간의 모든 지식을 권력관계의 산물로 환원하는 시도들은 결국 담론의 전제조건 자체를 파괴할 수밖에 없다. 이에 대해 하버마스는 고르기아스의 수사학에 저항하여 논리학의 우위를 고수하고자 했던 소크라테스를 모범으로 삼아 철학적 담론의 영역 내에서 일관성의 요구를 고수하고자 한다.

더욱이 총체적 이성비판이 강조하는 이성의 타자라는 것은 언제나 신비화될 수 있는 위험을 피하기 어려운 것이 사실이다. 왜냐하면 이성의 타자라는 것 자체가 그 성격상 공적으로 규정될 수 없기 때문이다. 결국 이성의 타자를 통해 이성 자체를 비판하고자 하는 급진적이고 총체적인 이성비판의 시도는 스스로의 견해에 대한 이론적 정당화 불가능성, 타자의 신비화 그리고 주체의 비판적이고 능동적인 실천능력의 부정 등을 그 근본적 한계로 갖는다. 그 때문에 하버마스는 이러한 급진적 이성비판의 시도에 맞서서 이성의 이념을 옹호하고자 한다.

그렇지만 이성의 무조건성, 객관성만을 강조하는 절대주의의 입장 역시 그 한계를 드러내고 있는 것이 사실이다. 먼저 모든 지식을 과학적 지식으로 환원하려는 과학주의는 인간의 삶에서 필수적인 규범적 지식이 가지는 고유성을 해명하지 못한다. 제삼자의 외부적 관점에서 기술되는 지식은 참여자들이 체험하는 규범의 세계가 지닌 고유한 의미를 포착할 수 없기 때문이다. 그뿐만 아니라 오늘날 인간 인식의 선험적 정당성에 대한 주장 역시 인식의 사회 역사적 맥락성과 오류 가능성이라는 한계를 주의 깊게 고려하지 못한다는 점에서 그 한계를 갖는다.

하버마스는 한편으로 인간의 모든 지식을 과학적 지식으로 환원하려는 과학주의에 반대하며 다른 한편으로는 이성의 최종적이고 선험적인 토대를 설정하려는 시도들에도 역시 반대한다. 그는 의사소통 행위에서 제기되는 타당성 요구들이 가지는 다원성을 통해서 과학주의의 일면성을 넘어서는 이성의 포괄성을 입증하는 동시에 인간의 언어와 합리성의 조건들 역시 역사적으로 구성된 생활세계를 토대로 삼아 그 위에 서 있을 뿐 초역사적이고 궁극적인 토대로서의 지위를 갖는 것은 아니라는 사실을 입증하고자 한다.

그가 제시하는 의사소통 이성이라는 개념은 바로 이러한 그의 입장을 대변하고 있다. 그리고 그가 제시하는 이성에 대한 견해는 우리가 앞서 살펴본 바와 같이 주체와 주체 사이에서 진행되는 상호작용, 의사소통 행위에 대한 분석을 그 기반으로 삼고 있다.

의사소통 이성은 먼저 그것이 생활세계에, 즉 사회 역사적 맥락에 의존하고 있다는 점에서 그리고 일관된 오류가능주의 Fallibilismus를 수용한다는 점에서 인식의 무조건성이나 객관성이라는 전통적인 이상으로부터 벗어나 있다. 이런 점에서 의사소통 이성은 강한 객관주의적 견해에서 보자면 너무 약한 이성개념이라고 평가될 수 있다. 그렇지만 다른 한편으로 의사소통 이성은 전통과 맥락에 대한 반성적 거리두기, 초월을 인정한다는 점에서 강한 맥락주의 혹은 상대주의와도 대립한다. 의사소통 행위 속에 등장하는 타당성 요구의 보편성과 무조건성이라는 계기를 통해서 하버마스는 의사소통 이성이 주어진 맥락 혹은 지평을 초월하여 보편성과 객관성을 추구하는 측면을 강조하고자 한다. 이런 점에서 의사소통 이성은 강한 상대주의의 입장에서 볼 때는 너무 강한 이성개념이라고 평가될 수 있다.

대립하는 두 진영에서 예상되는 이러한 비판들에도 불구하고 하버마스는 의사소통 이성이라는 개념을 도구적 이성, 나아가서는 의식철학 일반을 비판하고 극복하기 위한 새로운 대안으로 제시하고 있다. 그는 이성에 대한 자신의 이러한 견해를 '회의적이지만 패배주의적이지는 않은 이성'이라는 구호를 통해서 표현하기도 했다. 의사소통 이성은 인식의 무조건적 객관성과 보편성을 수용하지 않는다는 점에서 회의적이지만, 객관성과 보편성에 대한 추구 그 자체를 여전히 포기하지는 않는다는 점에서 패배주의적이지는 않다. 이제 그의 이러한 기본적인 의도를 염두에 두면서 의사소통 이성이 가지는 구체적 특징들을 검토해 보도록 하자.

2) 의사소통 이성의 특징

(1) 타자의 인정과 개방성

의사소통 행위 속에 구현되고 있는 의사소통 이성의 첫 번째 특징으로는 의사소통 행위가 가지고 있는 구조 자체에서 기인하는 타자에 대한 인정과 개방성을 들 수 있다. 이는 의사소통 행위에서 나타나는 화자와 청자 사이의 관계를 통해서 확인할 수 있다. 의사소통 행위는 성공지향적인 행위에 속하는 도구적 행위나 전략적 행위와는 달리 그 참여자들이 상호이해를 지향하는 사회적 행위의 한 유형이다. 의사소통 행위를 통해 화자는 청자와 더불어 상황에 대한 공동의 이해를 도모한다.

그리고 여기서 화자와 청자의 관계는 주체-객체 관계에서 나타나는 자기중심적이고 일방적인 관계가 아니다. 화자는 의사소통 과정에서 논의되는 대상과 그와 맞서 있는 청자를 구별해야만 한다. 의사소통 행위에서 논의되는 대상은 객관적, 사회적, 주관적 세계 속에 있는 어떤 것이다. 그렇지만 청자는 결코 세계 안에 존재하는 대상으로서의 어떤 것이 아니다. 의사소통 행위를 수행하는 당사자의 관점에서 볼 때, 논의되는 대상으로서의 어떤 것과 청자는 분명히 서로 다른 차원에 존재한다.

화자와 청자는 의사소통 행위 속에서 객관적인 세계에 직접적으로 개입하려고 하지 않는다. 물론 우리가 인간의 행위 일반이 목적론적 구조를 가지고 있다는 사실 자체를 부정할 수는 없고, 그런 한에서 의사소통 행위 역시 화자나 청자가 행하는 목적론적 행위의 틀에 포섭될 수 있을 것이다. 그렇지만 의사소통 과정에서 화자와 청자는 단순히 효율적으로 자신의 주장을 관철하는 것만을 목적으로 삼지 않는다. 청자의 동의를 끌어내어 자신의 주장을 관철시킨다는 결과는 결코 인과적으로 야기될 수 있는 성질의 것이 아니다. 물론 화자는 기만적으로 청자를 속이거나 암시적으로 위협을 가해서 자신의 주장을 관철시킬 수도 있을 것이다. 그러나 이러한 행위는 적어도 하버마스가 규정하는 바에 따르면 의사소통 행위에 속하지 않는다. 그것은 단지 언어를 매개로 진행되는 전략적 행위에 지나지 않는다.

하버마스에 따르면 의사소통 행위의 목적인 상호이해 자체는 세계 내에 존재하는 어떤 것이 아니다. 그것은 오히려 우리가 합목적적으로 개입할 수 있는 세계 너머에 존재하는 목적이라고 보아야 한다. 화자들은 의사소통 행위를 통해서 청자와 상호인격적 관계에 진입한다. 여기서 청자는 나의 타당성 요구를 합리적 근거에 의해 긍정하거나 부정할 수 있는 능력과 권한을 가지고 있는, 나와 동등한 주체다. 의사소통 행위가 지향하는 상호이해와 동의는 외적인 강압이나 영향을 통해서 성취될 수 없으며, 단지 근거가 가지는 합리적 보증을 통해서만 이루어진다. 이러한 의사소통 행위의 조건 속에는 이미 타자와 나의 다름에 대한 인정, 다른 주체로서의 타자에 대한 인정이 전제되어 있다. 그렇기 때문에 의사소통 행위는 본질적으로 타자에 대한 비도구적 관계 양식이라고 할 수 있다. 따라서 의사소통 행위 속에 구현되는 이성 역시 비도구적 성격을 갖는다.

또한 의사소통 이성은 청자의 응답에 열려 있는 개방적 이성이다. 화자가 나름대로 청자의 응답을 예견할 수는 있지만, 화자의 언어행위가 수용될 수 있는지는 언제나 청자의 응답에 궁극적으로 의존하고 있기 때문이다. 나의 언어행위가 제기하는 타당성 요구는 언제나 청자에 의해 거부될 수 있다. 나아가서 화자와 청자의 관계는 항상 역전될 수가 있다. 청자가 다음에는 화자가 되어 자신의 언어행위를 통해 타당성 요구를 제기하는 것이 언제나 가능하기 때문이다. 그런 한에서 화자와 청자는 서로에 대해 개방적이다. 의사소통 속에서 나는 언제나 너의 응답에 열려 있다. 너는 언제나 나와 동등한 주체로서 나의 타당성 요구를 비판할 권리를 갖는다. 이런 점에서 의사소통 합리성은 너에 대한 개방성을 그 특징으로 갖는다.

(2) 복수성과 포괄성

의사소통 이성의 두 번째 특징으로는 의사소통 행위 내부에서 드러나는 이성의 복수성과 포괄성을 들 수 있을 것이다.

의사소통 행위 속에서 화자는 진리Wahrheit 요구뿐만 아니라 올바름Richtigkeit 요구와 진실성Wahrhaftigkeit 요구를 동시에 제기한다. 그리고 이러한 요구들은 각각 객관적, 사회적, 주관적 세계라는 개념과 관련된다. 진리 요구는 그에 상응하는 사실들의 총체로서의 객관적 세계를, 올바름 요구는 그에 상응하는 사회적 세계를, 진실성 요구는 그에 상응하는 오로지 자신만이 특권적으로 접근할 수 있는 주관적 세계를 지시한다. 그리고 일상적인 의사소통은 일반적으로 이러한 세 차원 모두를 동시에 함축하고 있다.

하버마스는 우선 세 가지 타당성 요구 모두에 대해 나름의 비판과 정당화가 가능하다는 사실을 통해서 세 가지 타당성 요구 전체를 이성의 영역 안에 포섭시킨다. 객관적 사실의 진리뿐만 아니라 규범적인 주장의 올바름 그리고 의도 표명의 진실성은 모두 합리적 주장과 비판의 대상이 될 수 있다는 것이다. 물론 이 경우 각각의 타당성 요구에 대한 비판이나 정당화의 양식이 모두 동일한 것은 아니다.

하버마스에 따르면 진리 요구나 올바름 요구는 담론Diskurs을 통해 정당화되거나 비판될 수 있다. 객관적 세계에 존재하는 사실들에 대한 이론적 주장뿐만 아니라 규범적 올바름을 주장하는 실천적 담론 역시 근거를 통해 보편적 합의를 지향하는 담론의 대상이 될 수 있다는 것이다. 반면에 진실성의 요구는 진리나 올바름 요구와는 달리 오로지 화자의 지속적인 행위를 관찰함으로써만 비로소 비판되거나 정당화될 수 있다. 왜냐하면 한 화자의 행동이 진실한 것인지 여부는 결코 직접적으로 관찰될 수 없고 이후의 그의 행동이 자신의 주장과 일관된 것인지를 관찰함으로써만 비로소 평가될 수 있기 때문이다. 이와 같이 각각의 타당성 요구에 대한 비판이나 정당화의 양식이 그 내적 차별성을 가지고 있지만, 타당성 요구들은 모두 정당화와 비판이 가능하다는 점에서 이성의 영역 내에 존재한다.

타당성 요구의 다양성을 지적하고 그 요구들을 합리적 논의의 영역 내로 편입시키고자 하는 하버마스의 일차적인 목적은 무엇보다도 규범적이고 실천적인 담론의 가능성을 확보하기 위한 것이다. 과학주의가 영향력을 행사하기 시작한 이래로 철학은 과학과 실존주의의 상호보완주의라는 이름으로 규범적 담론의 영역을 사적인 것, 주관적인 것으로 평가절하해 온 것이 사실이다. 이러한 이해에 따르면 공적이고 객관적인 담론의 대상으로 인정되는 것은 단지 사실에 대한 기술과 설명의 문제일 뿐이다. 그렇기 때문에 규범적이고 도덕적인 문제들은 사적인 선호도나 취향에 의해서 조정될 수밖에 없고 원칙적으로 해결 불가능한 사적私的이고 주관적인 영역, 즉 실존적 선택의 영역으로 치부된다.

이러한 견해에 맞서 규범적 올바름의 요구를 진리 요구와 마찬가지로 공적인 담론을 통해 해결될 수 있는 영역으로 제시함으로써 하버마스는 실천적 담론의 가능성을 확보하기 위한 토대를 마련한다. 객관적 사실과 관련되는 진리와 규범의 올바름은 명확히 구별되며, 서로 환원될 수 없는 타당성 요구들이다. 사실과 당위는 명확히 구별되어야만 한다. 그럼에도 불구하고 양자는 동일한 상호주관적 담론의 장에서 나타나는 이성의 영역에 귀속된다.

한편 세계 개념의 확장 역시 세계를 객관적 사실들의 총체로 환원하려는 과학주의적인 태도를 비판하기 위한 전략이라고 할 수 있다. 잘 알려져 있듯이 하버마스 초기 작업의 중심 목표는 실증주의로 대변되는 과학주의를 비판하는 것이었고 이러한 목표는 그의 전체 작업을 통해 일관되게 유지되고 있다. 세계 개념의 확대라는 구상 역시 이러한 시도의 연장으로 이해될 수 있다. 그는 세계 개념 자체를 복수화함으로써 세계 개념의 축소, 이성 영역의 축소에 저항하고자 한다.

타당성 요구와 세계 개념의 이러한 확장은 의식철학의 틀을 거부함으로써 얻어진 성과이기도 하다. 이미 우리가 살펴보았듯이 주체–객체 틀에서는 모든 것이 주체에 맞서 있는 대상으로서만 파악된다. 선험적 주체의 시선 아래에서는 객체로서의 세계뿐만 아니라 대상화된 주체 역시 사물화된 객체가 될 수밖에 없다. 반면에 상호주관성의 구조에 주목하게 되면 다양한 타당성 요구와 세계 개념이 제시될 수 있다.

이제 세계는 더 이상 대상화될 수 있는 사실들의 총체로 제한되지 않는다. 의사소통 행위의 구조를 통해서 우리는 사회적 세계와 주관적 세계라는 지평을 합리적 담론 내부에 포섭하게 된다. 합리성은 이제 타당성 요구와 그에 대한 비판과 정당화의 가능성이라는 틀을 통해서 폭넓게 정의된다. 타당성 요구를 포함하고 그것이 근거를 통해 비판될 수 있는 경우, 그러한 모든 주장과 행위는 이성의 영역 내부에 존재한다.

의사소통 행위에 내재하는 타당성 요구들은 각기 그 고유한 차원을 지니고 있다. 그리고 그 고유성은 의사소통의 반성형태라고 할 수 있는 담론들의 분화, 즉 과학적 담론, 실천적 담론, 미적 담론 사이의 분화를 가능하게 해준다. 그렇지만 동시에 각 타당성 요구는 의사소통 합리성을 구성하는 계기가 된다는 점에서 의사소통 합리성은 포괄적인 성격을 가진다.

의사소통 이성에 대한 이러한 이해는 근대 사회에서 이루어진 과학과 기술, 법과 도덕, 예술 영역의 제도적 분화를 반영하고 있다. 근대 문화의 제도적 분화 과정은 이제 의사소통 이성에 내재하는 상이한 합리성의 계기들이 분화되는 과정으로 이해될 수 있다. 문화영역의 제도화된 분화는 의사소통 합리성의 계기들이 분화되고 그 잠재력을 실현하는 과정으로 읽힌다. 근대의 문화적 성과에 대한 설명은 의사소통 이성이 가지는 복수성을 해명해 주고 있다. 형이상학적이고 종교적인 세계상에서 통일되어 있던 의사소통 이성의 계기들은 개별적 타당성 요구들과 관련된 특화된 담론의 형태로 분화되어 나간다는 것이다.

그렇지만 이러한 분화는 상이한 이성영역들 사이의 통일이라는 새로운 과제를 만들어 내기도 한다. 예를 들어 오늘날 생명공학의 발전 과정에서 수반되는 여러 문제들과 같이 이성의 각 영역이 분화되면서 각각의 논리가 서로 상충할 여지도 확대되기 때문이다. 유전자 조작 혹은 선택과 관련된 과학기술의 논리나 경제 논리는 인간 생명의 존엄성 요구와 상충할 여지가 점점 더 확대되고 있는 것으로 보인다.

그뿐만 아니라 각각의 문화영역들이 전문가들의 특수한 논의 영역으로 분리되고 전문가 문화와 일상적 생활세계의 분리가 확대되면서 결국 일반인들의 의식은 파편화되고 빈곤해지기 쉽다. 그렇기 때문에 하버마스는 분리된 이성 계기들의 조화로운 통일을 통한 문제해결을 제안하게 된다.

과학기술의 과도한 지배, 전문가 문화들 사이의 분리와 단절, 전문가 문화와 생활세계의 단절이라는 상황은 의사소통 이성의 포괄성을 통해 극복되어야만 한다는 것이다. 이를 위해서는 의사소통 이성이 타당성 요구의 제도적 분화의 원천인 동시에 통합의 원천이 되어야만 한다.

여기서 주어진 과제는 제도화된 전문가 문화들 사이를, 그리고 전문가 문화와 생활세계의 해석 사이를 매개하는 것이다. 그리고 이에 답하기 위해서는 분화된 이성 계기들을 어떻게 통합할 것이며, 나아가서 그것을 어떻게 일상적 실천과 매개할 것인가 하는 문제가 동시에 해명되어야만 한다.

그렇지만 하버마스가 각각의 타당성 요구와 그에 기반을 둔 담론 유형들을 엄격하게 구분하고 있기 때문에 구별된 이성 계기들의 통일성을 해명하기는 쉽지 않다. 언어행위에 대한 하버마스의 분석은 진리, 올바름, 진실성 요구라는 계기들을 엄격하게 구별하고 있다. 나아가서 그는 각각의 담론들이 이러한 타당성 요구들을 독립적으로 주제화하고 있다고 말한다.

　그럼에도 불구하고 하버마스는 인식적, 도덕적-실천적, 미학적-표현적 요소들의 비억압적인 협력을 제안한다. 이를 위해 하버마스는 상이한 담론영역들이 성립하기 위한 기초라고 할 수 있는 일상적 의사소통의 실천에 내재하는 판단력Urteilskraft에 호소하고 있다. 분화된 이성 계기들 사이의 이행과 통일이라는 문제는 결국 의사소통 행위 자체에 자리 잡고 있는 판단력에 의존할 수밖에 없다는 것이다. 일상적 소통의 실천 속에는 이미 타당성 요구들 사이의 자유로운 이행과 조화가 존재하기 때문이다. 분화된 이성의 계기들 사이의 자유로운 교류는 결국 생활세계의 관점에서 분화된 전문가 문화를 창조적으로 수용함으로써만 비로소 가능하다. 분화된 이성 계기들, 즉 과학·도덕·예술의 영역이 서로 의사소통 하는 것은 단지 물화되지 않은 의사소통적 일상 실천 속에서만 이루어질 수 있다는 것이다.

우리의 일상적인 의사소통 행위는 세 가지 타당성 요구 전체를 함축하고 있으며, 그것들이 조화롭게 충족되는 상황을 지향하고 있다. 우리는 주어진 구체적 상황에 대해 각각의 타당성 요구들을 동등하게 종합하여 고려할 수 있다. 예를 들면 우리는 한 건축물이 기능적이기는 하지만 아름답지 않다고 평가하며, 어떤 정책이 효율적이기는 하지만 규범적으로 올바르지 않다고 비판한다. 이러한 우리의 일상적 판단에는 이미 타당성 요구들 사이의 조화와 균형에 대한 요구가 내재하고 있다. 그런 점에서 타당성 요구들의 불균형이나 일면화를 비판할 때 일상적 의사소통 행위는 그 비판의 궁극적 기초를 제공한다. 일상적 의사소통 행위가 이미 이성의 포괄성을, 나아가서는 타당성 요구들을 조화시키려고 할 때 따라야 할 기준을 함축하고 있기 때문이다.

결국 하버마스의 주장에 따르면 분리된 전문가 문화, 그리고 전문가 문화와 일상 실천을 매개하는 최종적인 근거는 일상적 의사소통의 실천을 통해서만 가능하다. 그리고 철학은 이러한 일상적 실천을 인도하여, 분리된 문화적 영역들 사이를 매개하고 해석하는 자로서 여전히 그 역할을 담당해야 한다.

(3) 초월성과 맥락제한성

의사소통 행위 속에서 구현되는 의사소통 이성은 서로 상반된 것처럼 보이는 초월성과 맥락제한성을 동시에 가진다. 왜냐하면 의사소통 행위의 참여자들은 한편으로 주어진 맥락을 초월하는 보편적 진리나 규범적 올바름을 강력히 지향하지만, 다른 한편으로 특정한 주장에 대한 그들의 판단은 언제나 생활세계적 맥락에 의해 제약될 수밖에 없기 때문이다. 그 때문에 하버마스는 한편으로 보편적 진리나 올바름 요구를 고수하면서도 다른 한편으로는 일관된 오류가능주의의 입장을 고수한다. 보편적 진리에 대한 지향과 오류가능성에 대한 인정은 서로 상반되는 주장이 아니라 동전의 앞뒷면과도 같다는 것이다.

앞서 살펴본 바와 같이 의사소통 행위는 아무런 전제도 없는 진공상태에서 이루어지지 않는다. 의사소통은 언제나 그 전체를 대상화하거나 조망할 수 없는 생활세계의 지평 안에서 진행될 수밖에 없다. 의사소통 행위나 담론을 통해 우리가 주제로 삼을 수 있는 것은 언제나 이 생활세계의 단면들일 뿐이다. 또한 우리가 담론으로 이행하면서 타당성 요구를 비판하거나 정당화하기 위해 제시하는 모든 근거들 역시 이러한 생활세계의 맥락 내에 존재한다. 결국 의사소통의 과정은 언제나 주어져 있는 생활세계의 지평과 그것이 제공하는 자명성을 기초로 해서만 가능하다는 것이다. 이런 점에서 의사소통 이성은 언제나 특정한 맥락에 의존하고 그것에 의해 제약될 수밖에 없다.

그럼에도 불구하고 하버마스는 의사소통 행위에서 제기되는 타당성 요구가 맥락초월적 성격을 가진다는 사실도 강조한다. 의사소통 행위에서 우리가 제기하는 진리나 올바름 요구는 언제나 주어진 사회 문화적 맥락을 넘어선다. 의사소통 행위의 참여자로서 우리는 특정한 사회 문화적 맥락을 넘어서는 더 강한 진리나 올바름의 개념을 지향한다. 이는 우리에게 우리가 진리인 것과 그 자체로 진리인 것을 언제나 구별하고 있다는 일상적인 사실에서도 쉽게 확인할 수 있다.

우리가 의사소통 과정 속에서 제기하는 진리 요구나 올바름 요구는 보편적이고 무조건적인 타당성을 지향하고 있다. 만일 맥락을 초월하는 이러한 진리 요구가 존재하지 않는다면, 우리는 지식의 확장 과정을 설명하거나 기대할 수 없게 될 것이다. 물론 우리가 특수한 언어나 관습으로부터 완전히 독립된 진리의 확실한 기준이나 내용에 대해 현재 무언가를 알고 있는 것은 아니다. 그럼에도 불구하고 보편적인 진리나 올바름은 이념으로서 의사소통 행위 속에서 실제로 작용하고 있다. 그리고 이러한 이념을 통해서 우리는 특수한 주장들뿐만 아니라 우리가 물려받은 진리나 올바름의 기준 자체에 대해서도 비판할 수 있게 된다.

우리가 무엇인가를 다른 관점에서 비판할 수 있게 해주는 것은 바로 타당성 요구가 가지는 무조건성의 계기이다. 이러한 이상화의 계기가 없다면, 비판적 충격을 통해서 우리의 지평을 넓혀 나가고 사물을 다른 방식으로 본다는 것도 불가능하게 될 것이다. 진리나 올바름에 대한 타당성 요구는 이런 점에서 칸트가 말한 규제적 이념과도 같은 것이다.

의사소통 이성은 타당성 요구가 가지는 무조건성을 통해 제한된 맥락을 넘어서는 초월성을 지닌다. 하지만 타당성 요구에 대한 우리의 현실적 판단과 응답은 언제나 제한된 맥락에 의존할 수밖에 없다. 그래서 하버마스는 타당성 요구가 야누스의 얼굴을 가졌다고도 한다. 타당성 요구는 한편으로 이념적이고 초월적인 성격을 가지고 있지만, 다른 한편으로 언제나 지금 여기의 맥락에서 제기되고 판단되기 때문이다. 그뿐만 아니라 앞서 지적한 바와 같이 이러한 판단은 언제나 생활세계의 지평에 의존할 수밖에 없다.

　의사소통 이성이 가지는 맥락제한성에 기초하여 하버마스는 일관된 오류가능주의를 받아들인다. 우리의 합리적 지식은 생활세계의 지평에 의존하며 지식의 자명성 역시 생활세계가 제공하는 전반성적 확실성에 기초할 수밖에 없다. 그러므로 우리에게 주어진 모든 지식은 원칙적으로 오류가능하다. 우리가 수행적 태도에서 지식의 무조건적 타당성을 지향하는 것은 피할 수 없는 사실이지만, 이것이 우리가 현재의 지식이 반증될 수 있다는 사실을 인정하는 것을 방해하지는 않는다. 하버마스에 따르면 일견 상반되게 보이는 이러한 두 주장은 결코 양립 불가능한 것이 아니라 동전의 양면과도 같은 것이다. 우리가 무제약적 타당성 요구를 지향한다는 것은 결국 현재 우리가 가진 지식의 불완전함을 인식하는 것과 다르지 않기 때문이다.

현대의 탈형이상학적 지평 속에서 하버마스가 제시하고자 하는 의사소통 이성은 고전적 시각에서 보면 너무 약하고, 현대적 시각에서 보면 너무 강한 것이라고 할 수 있다. 그럼에도 불구하고 하버마스는 의사소통 이성이라는 새로운 대안만이 과학주의와 실존주의의 상호의존 체계라는 현대적 상황을 타파하는 길이라고 주장한다. 이를 통해 그는 모든 지식을 인과적인 과학적 지식으로 환원하면서 도덕적인 문제들에 대해서는 회의주의적 태도 속에서 실존적 선택만을 제시하는 현대적 이성의 무기력 상황으로부터 탈출하고자 했다.

먼저 그는 의사소통 이성이 나와 다른 너를 인정하고 너에게 개방되어 있는 이성이라는 사실을 통해 도구적 이성의 일면적 한계를 돌파한다. 그리고 의사소통 행위 속에 내재하는 다양한 타당성 요구의 분화를 통해 진리, 올바름, 아름다움의 분화와 통일의 가능성을 동시에 확보하고자 한다. 마지막으로 그는 이러한 이성이 생활세계의 지평이라는 맥락에 제약되어 있지만 이와 더불어 초월성의 계기를 내포하고 있음을 밝히고 있다.

4
의사소통 패러다임의 의미: 요약

이제 마지막으로 의사소통 패러다임에 관한 이 장 전체의 논의를 요약해 보자. 하버마스는 의사소통 행위이론을 통해서 고립된 주체에 기초한 근대적 의식철학의 패러다임을 상호주관성에 기초한 의사소통 패러다임으로 전환하고자 했다. 홀로 사유하는 데카르트적 '나'가 아니라 서로 대화를 주고받는 '우리'가 이제 모든 사유의 출발점이 되어야만 한다는 것이다.

하버마스에 따르면, 베버를 비롯하여 프랑크푸르트학파 1세대들이 근대화 과정을 단지 도구적 이성의 지배나 그로 인한 총체적 물화物化로 진단하게 만든 근본 원인 중 하나는 그들이 사회적 행위를 너무 협소하게 규정한 데 있다. 베버는 사회적 근대화에 대한 해석에서 목적합리적 행위 유형의 확산에만 주목하였으며, 이러한 영향 아래에서 호르크하이머와 아도르노의 『계몽의 변증법』은 근대화 과정뿐 아니라 문명화 과정 전체를 자기 보존을 위한 도구적 행위와 도구적 이성의 확대 과정으로 해석하게 되었다는 것이다.

그리고 하버마스에 따르면, 인간의 모든 행위를 도구적 행위로 환원하는 해석의 근저에는 근대적 의식철학 모델이 존재한다. 데카르트 이후 자기의식의 확실성으로부터 출발하는 근대 의식철학은 주체와 객체라는 근본 구도 속에서 세계를 이해하고자 했다는 것이다. 그런데 이렇게 주체-객체 구도를 전제하게 되면 타인을 포함한 세계 전체, 나아가서는 자기 자신 역시 주체의 대상으로 규정될 수밖에 없다. 그렇기 때문에 하버마스는 의식철학의 패러다임을 넘어서 주체와 주체 사이의 상호작용을 행위의 근본 모델로 삼는 의사소통 패러다임을 도입하자고 요구했던 것이다.

하버마스는 인간 행위의 유형을 도구적 행위, 전략적 행위, 의사소통 행위라는 유형들로 구별하여 설명한다. 그는 초기에 '노동과 상호작용'의 구분을 시도한 이래로, 도구적 행위로 환원될 수 없는 의사소통 행위의 영역이 존재한다는 사실을 입증하고자 지속적으로 노력해 왔다. 하버마스의 분류에 따르면, 인간의 행위는 크게 비사회적 행위인 도구적 행위와 사회적 행위로 나뉘며, 사회적 행위는 다시 성공을 지향하는 전략적 행위와 상호이해를 지향하는 의사소통 행위로 구별될 수 있다.

비판이론 1세대들의 경우와 달리 하버마스는 언어적·사회적 존재인 인간에게는 타자를 단지 도구화하지 않고 타자의 타자성을 인정하는 의사소통 행위의 가능성 역시 존재한다고 말한다. 의사소통 행위는 사회적 행위자들이 상호이해를 목적으로 서로의 행위 계획을 조정하는 데에서 성립한다. 그리고 여기서 행위자들에게 일차적으로 중요한 것은 자신의 목적을 성취하는 것이 아니라, 공동의 행위 계획에 대한 합의를 성취하고 이를 통해 서로의 행위를 조정하는 것이다. 하버마스는 화용론적인 언어 분석을 통해 의사소통 행위 유형의 특징을 밝혀내고자 하였으며, 인간의 언어에는 상호이해라는 본래적 목적이 내재되어 있음을 보여주었다.

의사소통 행위 속에서 화자는 자신의 주장을 제기하며, 청자는 그러한 주장의 타당성을 인정하거나 그에 대해 비판을 제기한다. 이러한 상호주관인 관계 속에서 주체는 타자를 나와 동등한 주체로 인정해야만 한다. 만일 상호인정이 전제되지 않는다면 합리적 대화 자체가 성립할 수 없을 것이기 때문이다. 그리고 하버마스의 분석에 따르면 화자의 주장에는 일반적으로 세 가지 타당성 요구인 진리, 규범적 올바름, 진실성 요구가 동시에 함축되어 있다. 하버마스는 의사소통 행위에서 이러한 복합적 차원의 타당성 요구가 등장한다는 사실에 주목하여, 포괄적 이성으로서의 '의사소통 이성' 개념을 제시한다.

사실적 진리, 규범적 올바름, 의도의 진실성 여부 모두에 대해 비판과 논거를 통한 토론 및 정당화가 가능하다는 점에서 이 영역들 전체는 이제 합리적 논의가 가능해졌다. 그러나 그의 분석에서는 사실적 진리에 대한 논의와 구별되기는 하지만, 규범적 논의들 역시 보편적 정당화가 가능하다는 점이 특히 강조되고 있다. 규범적 차원의 합리성을 회복해 내는 것은 하버마스에게, 나아가서는 비판적 사회이론 일반의 수립을 위해 매우 중요한 의미를 지니기 때문이다.

이성의 도구화는 결국 모든 규범의 정당화를 불가능하게 만든다. 만일 철저히 도구적인 이성의 기준에서 본다면, 살인하지 말아야 하는 그 어떤 당위적 논거도 제시할 수 없게 될 것이다. 그리고 이는 결국 사회비판이론의 성립 역시 불가능하게 만든다. 현실에 대한 모든 비판은 그러한 비판이 전제하는 척도에 대해 보편적인 규범적 정당화를 전제해야 하기 때문이다.

의사소통 행위와 이성이라는 개념에 기초해서 하버마스는 도구적 이성과 질서의 전면화라는 일면적 사회관을 극복하고, 나아가서 포괄적 이성개념을 기초로 이성의 획일화를 비판하는 기점을 확보하게 된다. 그리고 이를 통해 본래 근대의 기획은 포괄적 이성의 실현을 지향하는 것이었지만, 자본주의적인 일면적 근대화로 인해 의사소통 이성의 파괴와 도구적 이성의 지배현상이 나타나게 되었다는 진단도 비로소 가능해졌다.

세창사상가산책 | JÜRGEN HABERMAS

4

생활세계 식민화와
토의 민주주의

1

생활세계 식민화

하버마스는 의사소통 패러다임으로의 전회에 기초하여 체계와 생활세계 개념에 입각한 이층위적 사회관을 제시하고 있다. 이는 앞서 살펴본 전략적 행위와 의사소통 행위 사이의 구별과도 밀접하게 관련되어 있다. 그리고 이러한 구별은 결국 '생활세계 식민화Kolonialisierung der Lebenswelt'로 압축되는 현대 사회에 대한 그의 비판적 시대진단으로 이어지게 된다. 이러한 진단을 통해서 그는 오늘날 우리의 일상 세계가 돈과 권력이 강요하는 경쟁과 효율성 논리에 의해서 일방적으로 지배되고 물화物化되는 상황을 문제 삼고자 한다.

그는 이를 위해 먼저 사회를 '체계'와 '생활세계'라는 두 가지 관점과 차원에서 동시에 파악할 것을 제안하고 있는데, 이는 무엇보다 기존의 사회이론들이 가지고 있는 일면성과 제한성을 극복하기 위한 시도와 관련되어 있다.

1) 베버, 루카치, 프랑크푸르트학파 1세대

하버마스의 평가에 따르면, 베버와 루카치 그리고 그들의 작업을 수용하고 있는 프랑크푸르트학파 1세대의 비판이론가들은 근대적 합리화 과정을 단지 도구적이고 기능적인 행위와 질서가 확대되는 과정으로만 해석해왔다.

하버마스에 따르면, 베버1864-1920는 경제 체계나 행정 체계의 차원에서 진행되는 행위 체계의 형식적 합리화 과정만을 파악했을 뿐 생활세계 내의 일상적 실천에서 나타나는 다차원적인 합리화 과정을 올바로 해명하지 못했고, 그 결과 근대적 합리화 과정을 단지 목적합리성, 즉 형식적 합리성과 효율성의 증대 과정으로 해석할 수밖에 없었다는 것이다.

그의 평가에 따르면, 베버가 가지는 이러한 한계는 결국 베버의 행위개념이 지닌 편협성에서 기인한다. 베버는 그의 행위 이론적 전제를 통해 사회적 합리화의 진행이 단지 목적합리성의 관점에서만 해명될 수 있다는 선입견을 가지게 되었다. 베버가 상호이해를 지향하는 행위와 성공만을 지향하는 행위를, 다시 말해 의사소통 행위와 전략적 행위를 명확히 구별하지 못했기 때문에, 결국 사회적 합리화 과정 전체를 목적

합리적 행위와 그에 기초한 사회질서의 확대 과정으로만 보게 되었다는 것이다.

잘 알려져 있는 바와 같이 베버의 주된 관심은 특정한 시기에, 서구라는 특정한 지역에서 근대 자본주의가 출현하게 된 원인을 해명하는 데 있었다. 이러한 문제의식으로부터 출발한 베버는 서구적 근대화 과정의 핵심을 '합리화' 과정으로 규정하였다.

베버에 따르면, 자본주의는 그 어떤 문화권도 아닌 특정한 시기의 서구 문화권에서만 출현할 수 있었다. 왜냐하면 현대적 자본주의가 출현하기 위한 다양한 문화적 조건들을 갖춘 유일한 지역이 오직 서구 사회뿐이었기 때문이다. 물론 오늘날의 시각에서 보면, 근대성의 출현에 대한 베버의 이러한 견해는 명백히 서구중심주의적 편견을 담고 있는 것이다. 근대 서구의 문화 자체가 오랜 동서교류의 산물이었다는 사실, 그리고 서구 이외의 문화들 역시 근대화를 위한 다양한 경제적, 사회적, 문화적 자원들을 보유하고 있었다는 사실을 간과한 견해이기 때문이다.

어쨌든 베버는 자본주의 출현을 가능하게 한 조건들로 근대 자연과학에 바탕을 둔 기술의 발전, 합리화된 법과 행정, 나아가서는 이러한 요인들의 기저에 존재하는 근대적인 서양의 합리주의를 들고 있다. 그는 사회변동의 원인을 경제적인 원인들로 환원하는 유물론적 설명방식을 비판하면서 사회변동을 야기하는 문화적 조건들에도 주목할 것을 요구했다. 그는 서구적 합리주의가 종교·과학·예술·국가·경제 등 다양한 영역에서 구현되고 있다는 점에 주목하고자 했다.

베버에게 합리화 과정이란 사회생활의 각 영역에서 합리적 행위가 증대된다는 것을 의미한다. 그런데 종교적 변화를 비롯하여 현대적 자본주의의 출현 토대가 되었던 다양한 사회문화적 변동을 이와 같은 합리화 과정으로 규정하려면, 먼저 합리성이 의미하는 바가 무엇인지 해명되어야만 할 것이다. 베버는 합리적이라는 술어가 다양한 맥락에서 사용될 수 있으며, 또 특정한 영역에서 추구하는 합리성이 다른 관점에서는 매우 비합리적인 것일 수도 있다고까지 인정하고 있다. 그렇기 때문에 그에게 중요한 것은 합리성에 관한 그 어떤 초역사적이고 보편적인 이론이 아니라 서구적 근대를 가능케 한 서구적 합리성의 의미를 밝히는 것이었다.

베버의 논의에 따르면, 사회적 행위는 크게 두 가지 의미에서 합리성을 가진다. 목적합리성과 가치합리성이 바로 그것이다. 목적합리성은 결과에 대한 고려를 포함하여 주어진 목적을 실현하기 위한 수단을 선택할 때 작동하는 합리성을 말한다. 특정한 목적을 실현하는 데에 현실적으로 기여하는 바가 큰 수단일수록 그 수단을 선택하는 행위는 더 큰 목적합리성을 갖는다.

반면에 가치합리성은 결과와는 무관하게 특정한 목적 자체를 설정하는 것과 관련된다. 크게는 진리와 선, 아름다움 중 무엇을 목적으로 추구할 것인지, 나아가서는 경합하는 다양한 가치들 중 어떤 것을 추구할 것인지를 선택할 때 가치합리성이 작동한다. 베버에 따르면 가치합리성의 차원은 실존적인 선택과 연관되어 있으며, 따라서 다원주의적 영역이다.

베버에 따르면 근대화 과정은 탈주술화 과정인 동시에 다양한 가치 영역의 분화 과정이기도 하다. 근대화는 전통적인 통일적 세계관이 소멸되고 분화되어 나가는 과정이자 그 산물이라는 것이다. 인간과 우주를 포괄하고 진·선·미를 총괄하여 관장하던 종교적인 통일적 세계관은 해체되었고, 이로써 세계에 대한 탈주술화를 가능하게 하였다. 이는 근대 자연 과학이 세계를 보는 객관적 관찰의 정신에서 뚜렷하게 표현된다. 근대의 기계론적 세계관 속에서 자연적 세계는 더 이상 그 어떤 자체 목적이나 조화로운 질서를 표현하지 않는 무의미한 세계일 뿐이며, 거기에는 그 어떤 마법이나 주술도 존재하지 않는다.

통일적 세계관의 해체와 더불어 인간 정신의 영역은 과학, 도덕과 법, 예술의 영역으로 분화되어 나간다. 베버에 따르면, 이들 각각의 영역은 서로에 대해서 독립적이다. 사실적 진리와 규범적 올바름 그리고 아름다움은 각기 독자적인 판단의 기준을 요구한다. 그뿐만 아니라 학문의 각 영역들은 그 영역 자체의 '궁극적 의미'에 대한 정당화를 제시할 수도 없다. 과학은 객관적 지식의 궁극적 의미가 무엇인지에 대해, 의학은 삶 자체의 가치에 대해, 미학은 예술의 존재 근거 자체에 대해 더 이상 답할 수 없다는 것이다. 이런 맥락에서 그는 궁극적 가치들과 관련하여 '가치 다신교'를 말한다. 마치 다양한 신들이 병존하는 것과 같이 다수의 궁극적 가치가 공존하고 있다는 것이다.

베버가 문화적 합리화 과정에 대해 이러한 분화된 설명 틀을 가지고 있음에도 불구하고 그에게 근대 사회의 합리화 과정은 주로 목적합리성에 기초한 형식적 합리화 과정으로 분석되고 해석되었다. 베버가 근대 사회 합리화 과정의 핵심으로 보는 것은 자본주의 경제와 근대 국가의 출현이다. 물론 그가 일차적으로 이러한 제도들이 출현할 수 있었던 다양한 문화적 조건을 해명하기도 하지만, 그에게 이러한 제도들의 기능적 핵심은 언제나 목적합리적 행위의 확산과 강화라는 측면에서만 파악되고 있다.

예를 들어 『프로테스탄티즘의 윤리와 자본주의 정신』*에서도 베버의 주된 작업은 자본주의 출현의 문화적 조건들을 추적하는 것이었다. 그러나 그는 일단 합리적 국가기관과 근대적 형식법을 전제로 하는 근대적 자본주의 체제가 성립하고 나면 그 체제는 과거의 흔적들을 스스로 지워 나간다는 점을 강조하였다. 프로테스탄트적 금욕주의와 구원에 대한 열망이 자본주의 정신의 기원이었음에도 불구하고, 일단 자본주

* 막스 베버, 김덕영 옮김, 『프로테스탄티즘의 윤리와 자본주의 정신』, 길, 2010.

의 체제가 작동하기 시작하면 이윤추구의 욕망은 자립화되고 개인들은 모두 이 운명적인 쇠우리 속에 갇히고 마는 것이다. 그렇기 때문에 '영혼이 없는 전문가, 사랑이 없는 감각주의자'라는 자본주의의 미래에 대한 그의 우울한 전망도 제시되고 있다. 베버에 따르면, 근대적 합리화 과정은 결국 통일적 세계관의 해체를 통해서 '의미 상실'을 초래하며, 관료적 합리성으로 물화된 현실을 통해서 '자유 상실'을 초래하게 된다.

이처럼 근대화 과정을 주로 목적합리성 차원에서만 해석하는 경향은 베버의 법해석에서도 등장하고 있다. 그는 근대법의 합리화 과정을 분석하면서도 주로 법의 형식적 합리성, 내적 정합성이라는 차원의 변화에만 관심을 두었다. 이런 점에서 베버의 법이론은 합법성과 정당성을 동일시하는 법실증주의적 경향을 띠고 있다. 하버마스가 『사실성과 타당성』에서 해명하고자 하는 사실, 즉 근대법 자체가 민주주의적 입법 과정을 통해 그 정당성의 차원에서 변형이 이루어지고 있다는 사실은 베버의 법해석에서는 관심대상이 아니다.

이와 같이 근대적 합리화 과정에 대한 베버의 고찰 전반은 주로 경제적인 영역에서의 합리화, 법적이고 행정적인 측면에서의 합리화를 목적합리성의 증대라는 차원에서 해명하는 데에 치중하고 있다고 말할 수 있다.

결국 베버는 자본주의 국가와 근대적 관료 국가를 핵심으로 하는 근대 사회의 변화를 목적합리성의 증대라는 일면적인 사회적 합리화 과정으로 규정하고 있다. 그리고 서구적 근대화 과정에 대한 이러한 베버의 견해는 이후 프랑크푸르트학파 1세들이 『계몽의 변증법』으로 귀결되는 새로운 시대진단을 제시하는 과정에도 커다란 영향을 미치게 된다.

1세대들의 사고에 대한 베버의 영향력은 주로 마르크스주의자였던 루카치를 경유하여 행사되었다. 자본주의적 근대화를 목적합리성의 확대 과정으로 보는 베버의 견해는 마르크스주의자였던 루카치에게도 큰 영향을 주었고, 루카치가 마르크스주의적으로 변형하여 받아들인 베버의 이론이 다시 1세대들에게 영향을 주게 되었던 것이다.

마르크스주의자였던 루카치1885-1971의 핵심 고민은 노동계급이 왜 자신들이 자본주의 사회에서 착취 받고 있다는 사실을 의식하지 못하는지, 그리고 그들은 어떻게 이러한 상태를 넘어서 계급해방을 위한 혁명의 주체로 발전해 나갈 수 있는

지를 해명하는 것이었다.

루카치는 그의 주저인 『역사와 계급의식』에서 모든 것을 상품화하는 자본주의 사회에서는 인간의 전반적 의식 역시 사물화된 형태를 취할 수밖에 없다는 점을 특히 강조하였다.* 자본주의 사회에서는 인간 그 자체가 노동력 상품으로 간주되면서 인간과 인간 사이의 사회적 관계 역시 상품들 사이의 교환으로 간주되며, 그 결과 파편화된 개인들은 결국 그러한 질서를 마치 자연적 질서와 같은 것으로 간주하게 된다는 것이다. 그리고 그 결과 노동자들은 그들 자신이 자본가계급에 의해서 착취 받고 있다는 사실도, 그들 자신이 사회적 세계를 창조하는 집단적 주체라는 사실도 인식할 수 없게 된다.

이러한 루카치의 견해에 따르면, 베버가 말한 근대적 합리화 과정이란 결국 자본주의 상품사회 속에서 사물화된 의식이 공고화되는 과정에 지나지 않는다고 말할 수 있을 것이다. 이처럼 마르크스주의자였던 루카치는 베버가 말한 근대적 합리화 과정을 주로 자본주의적 상품관계의 확산에 기초하여

---

* 게오르그 루카치, 박정호·조만호 옮김, 『역사와 계급의식』, 거름, 1986.

해석하였던 것이다.

그러나 이러한 설명에도 불구하고 루카치는 자본주의 내부의 모순이 격화되는 과정에서 프롤레타리아계급이 결국 사물화된 의식 상태를 극복하고 스스로를 변혁의 주체로 인식할 수 있게 될 것이라고 믿고 있었다. 경제위기 상황 속에서 자신들의 비참한 현실을 체감하면서 노동계급은 현존하는 사회체제가 일방적으로 자본가계급의 이해관계만을 반영하고 있다는 사실, 그리고 이러한 현실이 불가피한 것도 아니라는 사실을 인식하게 되고, 결국 계급해방의 주체로서 혁명적 실천에 나서게 된다는 것이다.

그러나 앞서 살펴본 바와 같이 비판이론 1세들은 더 이상 인간해방에 대한 마르크스주의의 역사철학적 믿음을 유지할 수 없었고, 그 결과 그들은 결국 근대적 합리화 과정 전체를 도구적 이성의 확대 과정에 지나지 않는 총체적 물화 과정으로 해석하였다.

2) 이층위적 사회관: 체계와 생활세계

하버마스는 기존 사회이론들이 제시한 일면적 시대진단과

사회비판 양식이 가지는 근본적 한계들을 극복하고자 했다. 의사소통 행위이론도 바로 이러한 노력의 결과물이라고 할 수 있다. 그가 제시하는 이층위적 사회관 역시 사회이론 차원에서 근대적 합리화 과정에 대한 기존의 일면적 이해와 그에 따른 비관주의적인 시대진단에 저항하기 위한 시도다.

이를 위해 먼저 근대적 합리화 과정에 대한 새로운 진단과 해석을 위한 개념적 기초가 필요하였는데, 앞서 살펴본 의사소통 행위와 이성에 대한 하버마스의 탐구가 바로 이러한 기초 작업이라고 할 수 있다. 이러한 작업에 기초해서 이제 그는 사회적 합리화 과정을 더 포괄적이고 복합적인 과정으로 그려내고자 한다.

하버마스에 따르면, 모든 사회는 사회 통합과 체계 통합이라는 두 차원에서 스스로의 통합과 질서를 유지하며, 따라서 모든 사회의 진화 발전 과정 역시 구별되는 두 차원에서 동시에 진행될 수밖에 없다. 모든 사회는 그것의 존속을 위해 물질적 차원과 상징적 차원에서의 재생산을 필요로 하며, 하버마스는 상징적 차원의 재생산을 생활세계에, 물질적 차원의 재생산을 체계에 할당하고 있다.

생활세계라는 개념은 본래 현상학 전통에서 우리의 삶을 구성하는 총체적인 의미 맥락을 지시하는 개념, 즉 일종의 문화적 해석 지평 전체를 지시하는 개념으로 사용되어 왔다. 하버마스는 이러한 개념을 확대시켜 생활세계 개념을 문화, 규범, 인성을 포괄하는 사회학적 개념으로 이용하고 있는 것이다. 반면에 체계는 주로 경제나 행정과 같은 영역의 기능적 질서를 의미한다. 자본주의 시장에서 볼 수 있듯이 다양한 행위자의 행위 결과가 그들 자신의 의도와는 무관하게 독립적이고 폐쇄적인 질서, 즉 하나의 체계를 구성하게 된다는 것이다.

이러한 개념을 활용하면서 하버마스는 상징적 차원 및 물질적 차원의 통합과 재생산을 한 사회를 구성하는 두 측면으로 도입하고 있다. 전략적 행위와 의사소통 행위를 구별했듯이, 하버마스는 사회 질서의 차원에서도 생활세계와 체계의 개념을 구별하고자 한다. 따라서 생활세계와 체계라는 개념 쌍은 의사소통 행위와 전략적 행위라는 행위 이론적 구별과도 깊이 연관되어 있다고 할 수 있다.

물론 특정한 행위 유형과 사회 질서 사이에 명확한 일대일의 귀속관계가 성립하는 것은 아니다. 생활세계는 의사소통 행위만이 귀속되는 영역이 아니며, 반대로 체계 내에서 의사 소통 행위가 전혀 성립할 수 없는 것도 아니기 때문이다. 그렇지만 행위 유형들이 그것이 지향하는 목적을 통해 두 가지 유형으로 구별되었던 것과 마찬가지로, 생활세계와 체계 역시 사회 질서를 구성하는 분석적으로 구별되는 두 가지 측면으로 도입된다.

이 두 측면 각각은 그것을 해명하기 위한 접근 방법에서도 서로 구별될 수 있다. 먼저 생활세계 질서는 참여자 관점을 통해서만 접근이 가능하다. 문화적 의미나 규범들이 관찰자 관점, 즉 제삼자적 관점에서는 결코 포착될 수가 없기 때문이다. 종이에 인쇄된 글자에 대해 물리적으로 분석과 관찰을 한다 해도 그것이 담고 있는 의미가 발견될 수 없는 것과 마찬가지로 문화적 의미나 규범 역시 관찰자 관점을 통해서는 결코 이해될 수 없다. 그것들이 가지는 의미는 오로지 거기에 참여하는 당사자들의 관점에서만 이해될 수 있을 뿐이다. 반면에 행위자 다수의 행위 결과가 조정됨으로써 성립되는 체계의 질서는 참여자들의 의도로 해석되는 차원을 넘어 제삼자인 관찰자의 관점을 채택할 때만 비로소 해명될 수 있다. 예를 들어 시장에서 상품이나 주식의 가격이 결정되는 과정은 참여자들의 주관적 희망이나 의도와는 무관하게 진행되기 때문이다.

일반적으로 한 사회가 생활세계의 상징적인 통합과 재생산을 이루어내기 위해서는 구별되는 여러 차원에서의 통합과 연속성이 동시에 보장되어야만 한다. 그리고 원칙적으로 볼 때, 이러한 생활세계의 질서는 오직 상호이해를 지향하는 의사소통 행위를 통해서만 유지되고 재생산될 수 있다. 왜냐하면 문화적 의미나 규범의 정당성은 결코 화폐로 구매되거나 권력에 의해 강요될 수 없기 때문이다.

먼저 한 사회는 그 문화적 지속성과 정체성을 유지하기 위해서 공유된 문화적 해석의 틀과 전통을 유지하고 재생산해야 한다. 또한 한 사회는 그 자신의 존속을 위해 도덕이나 법과 같은 규범적 질서를 확보해야 한다. 그리고 한 사회는 그 자신의 존속을 위해 새로운 세대들에 대한 사회화 과정을 지속해야만 한다. 따라서 하버마스는 문화, 사회, 인격을 생활세계의 세 가지 구성 요소로 제시하고 있다.

한편 이와 동시에 모든 사회는 그 물질적 재생산을 위해 경제적·정치적 질서의 수립 역시 필요로 한다. 교환과 관련된 경제적 질서, 권력과 관련된 정치적 질서는 참여자 관점에서 포착되는 행위 동기들과는 무관하게 진행되는 행위 결과들 사이의 객체화된 조정과 통합의 과정이라고 할 수 있다.

사회진화 과정 속에서는 구별되는 두 차원에서의 발전이 동시에 진행된다. 생활세계는 점차 합리화되며, 이와 더불어 체계의 복잡성 역시 증대된다. 사회진화의 초기 단계에서 생활세계와 체계는 서로 밀접하게 결합되어 있었다. 신분제 사회의 경우에서 볼 수 있듯이 미분화된 사회에서 체계를 구성하는 경제적 질서나 정치적 질서는 생활세계의 규범적 질서에 직접적으로 의존하며 그것과 명확하게 구별되지도 않는다.

그렇지만 사회적 근대화 과정을 통해서 생활세계와 체계의 영역은 서로 분화되며, 나아가 체계는 자립적인 성격을 가지게 된다. 경제 체계와 행정 체계가 복잡해지면서 생겨나는 의사소통의 부담을 줄여 주기 위해 화폐와 권력과 같은 매체들이 등장하며, 이를 통해 체계는 점차 생활세계의 명령으로부터 분리되어 자립해 나간다는 것이다.

이미 베버가 지적하였듯이, 사회적 근대화의 주된 특징은 근대 국가와 자본주의 경제 체제의 성립에서 찾을 수 있다. 체계의 측면에서 보면, 근대 국가의 성립은 권력을 매체로 하는 공공 행정 영역이 자립화하는 것을 의미한다. 근대 국가 체제는 법적으로 정의된 위계적 권력 질서를 통해 국민들에게 명령권을 행사한다. 이러한 명령의 정당성 근거는 이미 제정된 법적 절차에 의해서 주어지며, 명령에 대한 거부는 곧 제재의 위협에 직면하게 된다. 여기서 일반 시민들은 명령을 수용하거나 거부하는 단순한 선택지만을 가지게 되며, 그러한 명령의 정당성은 법적으로 정의된 형식적 절차를 준수했는지 여부일 뿐이다.

이와 마찬가지로 화폐를 매체로 하는 자본주의적 시장질서 역시 규범적 질서로부터 자립화한다. 화폐는 거래 당사자들 사이의 관계를 표준화하고 단순화함으로써 상품 교환을 확대시킨다. 권력이나 화폐 매체들은 당사자들 사이의 의사소통을 우회하여 사회적 상호작용을 가능하게 해주며, 이를 통해 체계의 질서들은 의사소통 행위를 통해 재생산되는 생활세계의 질서로부터 자립해 나간다는 것이다.

물론 생활세계와 체계의 분리가 양자 사이의 완전한 단절을 의미할 수는 없다. 왜냐하면 체계를 성립하고 기능하게 하는 토대가 되는 제도들이나 법체계가 궁극적으로 생활세계에 기초하고 있기 때문이다. 물론 제도나 법체계가 화폐나 권력과 같은 매체들이 성립하기 위한 궁극적 전제 조건들이기는 하지만, 매체들이 이러한 제도들과 직접적으로 동일시될 수는 없을 것이다. 법 제도는 매체들이 기능하기 위한 전제일 뿐이며, 화폐나 권력과 같은 매체들은 제도와는 구별되는 자율적인 자기확장 논리를 가지고 있기 때문이다.

하버마스는 이러한 사실을 각별히 강조하고 있는데, 이는 그가 경제와 행정 체계의 자율성 자체가 가지는 진화적 성과를 인정하고자 하며 복잡해진 체계를 생활세계의 논리로 제어하는 것은 불가능하다고 보고 있기 때문이다. 그는 과거 사회주의 실험의 실패를 이러한 불가능성을 보여주는 한 사례로 보기도 한다. 사회주의 국가들이 자본주의적 시장경제 체계를 생활세계의 논리, 정치 논리로 대체함으로써 결국 시장 체계가 가지는 효율성을 저하시킬 수밖에 없었다는 것이다.

물론 이러한 체계 복잡성의 증대 및 자립화와 더불어 법과 도덕규범의 차원을 중심으로 진행되는 생활세계의 합리화 역

시 동시에 진척되어 나간다. 그리고 이러한 생활세계의 합리
화 과정은 근대에 이르러 전통적 세계관의 탈주술화와 문화
적 가치 영역들의 분화를 요구하게 된다. 진·선·미의 세계관
적 통일성을 보장하던 종교적, 형이상학적 세계관은 해체되
고 의사소통 합리성에 내재하는 타당성 요구들은 과학과 기
술, 도덕과 법, 예술과 예술 비평이라는 제도적 영역으로 분화
된다. 가치영역들 사이의 이러한 제도적 분화와 민주주의적
사회 제도의 확립은 근대에 이루어진 생활세계의 합리화 과
정을 표현한다고 할 수 있다. 민주주의의 발전 과정은 관련된
사안들에 대한 시민들의 의사소통 과정을 내포하고 있을 뿐
아니라 그러한 의사소통의 절차를 법적으로 제도화하고 있기
때문이다.

3) 생활세계 식민화

그렇지만 생활세계와 체계 사이의 이러한 분화 과정이 순조
롭게만 진행되는 것은 아니다. 자본주의 체제 안에서 이루어
지는 사회진화는 체계의 자립화를 넘어서 체계의 명령이 생
활세계에 침투하는 '생활세계 식민화'를 야기하기 때문이다.

여기서 한 가지 주의해야 할 부분은 하버마스가 문제 삼는 것이 체계의 매체들이 생활세계를 식민화하는 문제일 뿐이지, 체계의 복잡화나 자립화 그 자체는 아니라는 점이다.

마르크스는 자본주의적인 경제 자체를 소외로, 계급 착취의 한 양식으로 규정하고, 그러한 물화物化된 질서 자체를 생활세계 질서로 대체할 것을 요구하였다. 그리고 이는 현실 사회주의 체제에서 프롤레타리아 독재에 기초한 중앙집권적 계획 경제의 형태로 구체화되었다. 하버마스는 이러한 시도가 첫째, 자본주의 경제 체계의 발전이 가지는 생산에서의 효율성이라는 장점을 무시하고 있다는 점에서, 둘째, 화폐라는 매체를 단지 권력이라는 매체로 대체할 뿐이라는 점에서 근본적인 문제를 가지고 있다고 말한다. 따라서 그는 화폐와 권력을 매체로 하는 체계 자립화의 일차적인 의의를 인정하는 조건에서 그러한 매체들이 자신들이 기능하기에 적합한 영역을 넘어서서 생활세계 질서를 파괴하는 경우만을 문제 삼게 된다.

하버마스의 진단에 따르면, 효율성만 지향하는 체계의 명령이 상호이해의 메커니즘을 요구하는 생활세계에 침투하면서 여러 가지 부정적 효과들이 나타나기 시작하며, 생활세계는 이에 대해 저항하게 된다. 하버마스는 가족, 학교, 문화영역 등 상호이해에 기초한 의사소통적 질서를 통해서만 유지될 수 있는 영역들에 화폐나 권력과 같은 매체들이 침투하는 과정을 통해 생활세계 식민화 현상이 발생한다고 말하며, 특히 법제화 경향에 대한 분석을 통해 이러한 현상들을 구체적으로 다루고 있다. 가족법이나 학교법 등의 제정은 그것이 아동이나 여성 혹은 학생이나 학부모들의 권리를 보호한다는 목적에서부터 시작된 것이기는 하지만, 가족이나 학교를 그와는 이질적인 화폐나 권력 등의 매체들을 통해 재정의하게 되면서 다양한 저항을 불러일으키게 된다는 것이다.

생활세계의 영역들에 대한 체계 논리의 침투는 합리적 의사소통을 통한 생활세계의 질서 유지를 교란하고, 생활세계를 물화하는 결과를 초래하게 된다. 예를 들어, 문화영역이 시장의 이윤추구 논리에 의해 지배되고, 교육이 경제 성장을 위한 노동력 재생산 과정으로만 정의되는 곳에서 자율적인 문화적 가치의 추구나 전인적인 교육이 이루어지기를 기대할 수는 없을 것이다.

하버마스의 이러한 접근은 마르크스주의 전통에서 유래하

는 물화 비판을 새로운 형태로 제시하는 것이다. 이미 마르크스는 자본주의 상품 경제의 성립으로 인해 노동력이 상품화되고, 상품과 자본은 그것이 출현하게 된 사회적 흔적을 말소한 채 자립화, 물신화된다는 데에 주목한 바 있다. 노동력의 상품화는 등가교환의 형식을 통해서 자본에 의해 노동이 산출한 잉여가치가 착취됨을 은폐하며, 상품과 자본의 물신화는 그것들의 원천인 사회적 관계, 즉 계급 관계에 대한 인식을 방해함으로써 혁명적 인식과 실천을 불가능하게 만든다는 것이다.

살아 있는 인간의 노동력은 잉여가치 창출의 유일한 원천임에도 불구하고 자본주의 사회에서는 노동력이 하나의 상품으로 간주되면서 자본과 노동 사이의 교환도 등가교환의 형태를 취하게 된다. 이는 살아 있는 인간의 활동에 대한 물화인 동시에 이를 통해서 자본에 의한 노동착취는 공정한 등가교환의 형태로 나타나게 된다.

또한 자본주의 사회에서는 상품과 자본이 물신화되면서 그것들의 출현을 가능하게 한 인간들의 사회적 관계가 은폐되며, 이는 결국 사회질서 전체를 자립적이고 자연적인 것처럼 현상하게 한다. 이는 자본주의 사회 내에서 진행되는 인간에 대한 인간의 착취를 은폐할 뿐만 아니라 그러한 사회질서 자체를 변경 불가능한 것으로 만드는 효과를 낳게 된다. 이러한 상황 속에서 노동자는 생산 과정에 대한 자율적 통제력을 상실한 채 생산 부품의 일부가 되어 버리고, 자신의 노동 산물로부터 소외된다.

이와 같은 마르크스의 물화 비판에서 그 핵심은 노동계급에 대한 착취가 은폐되고 노동계급의 해방적 실천이 차단되는 기제를 분석하는 데에 있었다. 이후 물화 개념에 새롭게 주목한 루카치는 마르크스의 이러한 문제의식을 공유하면서도 물화 개념을 더욱 확대하면서 자본주의 사회에서는 모든 대상과 인간을 상품화, 물화하는 인식과 실천 양식이 지배하게 된다는 점을 강조하였다. 물론 그가 물화 개념에 주목한 이유 역시 그것이 혁명적 계급의식 형성에 중요한 장애가 된다고 판단했기 때문이었다.

마르크스주의 전통 내에서 진행된 물화 비판 양식은 자본주의 상품 경제가 물화의 중요한 원천이라는 사실을 최초로 해명해 주었다는 데 의의가 있다. 그러나 이들의 물화 비판은 물화의 원인을 자본주의 시장 경제 자체와 직접적으로 동일 시하면서 그것을 유일한 물화의 원천으로 파악하였다는 점에 서 한계가 있다고 판단된다.

노동력의 상품화가 자본주의 사회 내에서 발생하는 삶의 물 화의 중요한 원천이기는 하지만 현실적으로 모든 고용관계 일반을 단적으로 물화 현상과 동일시할 수는 없다. 자본과 노 동 사이의 일정한 권력 균형이 유지되고 노동자들의 법적 권 리가 실질적으로 보호되는 상태에서 자유롭게 체결된 고용계 약까지 물화로 취급할 수 없는 것이다. 왜냐하면 이러한 고용 계약은 특정한 인간의 능력에 대한 양도를 의미할 뿐 노동자 의 인격 자체에 대한 물화 효과를 유발하지는 않기 때문이다. 삶의 물화 현상은 고용관계가 피고용자의 삶의 자율성을 침 해하는 경우에만 발생할 수 있으므로 자유롭게 체결된 계약 관계 전반을 물화 현상의 사례로 들 수는 없다. 또한 다양한 물화 현상의 원천을 자본주의 시장의 효과로만 국한할 수도 없다. 왜냐하면 교육 정책과 같은 국가 정책 역시 인간의 자 율성을 침해하는 중요한 삶의 물화의 원천이 될 수 있기 때문 이다.

이후 비판이론 1세대들은 앞서 살펴본 바와 같이 『계몽의 변증법』을 통해 물화 개념을 대폭 확장하여 문명 일반에까지 적용하게 된다. 그들은 주체-객체 인식 틀에 기초하여 인간의 모든 인식과 행위를 자기보존을 위한 도구로 규정함으로써 문명의 발전 과정 자체를 도구적 이성의 발달과 물화 과정으로 해석하였다. 이들의 도구적 이성비판은 물화의 원인을 자본주의 시장 경제 영역을 넘어서 인간의 자기보존 욕망 자체로 규정하여 물화의 개념을 대폭 확장하게 된다. 그러나 이들은 물화의 원인을 인간의 욕망 자체로, 지나치게 추상적으로 규정하게 되면서 결국에는 물화 비판 자체를 불가능하게 만드는 역설적인 상황에 봉착하게 된다.

하버마스는 이와 같은 기존의 물화 비판 양식들이 가지는 문제점들을 극복하는 방향에서 그의 '생활세계 식민화' 테제를 통해 새로운 형태의 물화 비판을 제시하고 있다. 그는 물화 현상의 원인을 자본주의 시장 경제와 근대 관료주의 국가 체제가 생활세계 질서를 침식하는 데서 찾고 있다. 시장과 국가 행정의 작동 매체인 화폐와 권력이 상호이해와 합의를 통해 유지되는 생활세계 질서를 대체하고 침식하는 데 현대 사회 물화의 원인이 있다는 것이다.

나아가서 그는 의사소통 행위와 생활세계 개념을 통해서 물화 비판의 가능 근거를 제시하였다. 타인의 자율성을 인정하고 상호이해를 도모하는 의사소통 행위의 개념과 이를 통해 재생산되는 생활세계 질서를 화폐와 권력이라는 매체를 통해 지배되는 체계 논리와 구별함으로써 하버마스는 물화 비판의 규범적 기초와 실천적 저항의 가능성을 확보하였다.

이러한 그의 시도는 1세대 비판이론가들과 달리 추상적인 철학적 개념 수준을 넘어서 근대 사회의 분화에 대한 사회이론적 해명에 바탕을 두고 물화 문제에 접근함으로써 경험적 설명 가능성을 확보하고 있다. 또한 마르크스주의의 물화 비판과 달리 그는 물화의 원인을 자본주의 시장과 근대 국가로 다층화하였으며, 물화 현상을 자율적인 의사소통적 삶의 질서에 대한 침해로 명확히 규정하였다. 이로써 자본주의 시장 질서나 근대 국가의 행정 체계의 성립 자체를 무작정 물화 현상으로 규정할 수 없게 된다. 물화 현상이 발생하는 이유는 화폐나 권력과 같은 매체에 의해 조절되는 체계 질서의 성립 자체에 있는 것이 아니라 그러한 질서들이 자율적 의사소통에 의해 유지되는 삶의 질서를 침해하는 데에 있다는 것이다.

이처럼 새롭게 재구성된 물화 비판에 기초하여 하버마스는 새로운 사회운동의 등장을 생활세계 식민화에 대한 저항으로 간주하고 이러한 저항이 오늘날 현대 사회 갈등의 핵심이라고 말한다. 주지하는 바와 같이 새로운 사회운동이란 20세기 후반 서구에서 활성화된 환경, 여성, 평화 등과 관련된 시민운동 전반을 포괄적으로 지시하는 개념이다. 그리고 이러한 새로운 사회운동의 등장 배경으로는 일반적으로 탈脫물질주의 가치의 등장, 위험사회의 도래, 제도 정치의 한계 등이 지적되곤 한다.

하버마스는 새로운 사회운동의 등장을 생활세계 식민화에 대한 저항으로 해석하면서 이러한 저항들은 단순히 화폐나 권력을 통한 체계의 보상책으로 해결될 수 있는 문제가 아니라고 말한다. 여기서 중요한 문제는 복지국가가 제공해 줄 수 있는 물질적 보상이 아니라 위협에 처한 삶의 방식을 방어하는 것이기 때문이다. 오늘날 새로운 사회갈등은 경제적 자원의 분배가 아니라 '생활 형식들의 문법'을 문제 삼고 있다는 것이다.

이와 같이 하버마스는 새로운 사회운동의 부상을 생활세계 식민화에 대한 저항의 표출로 해석하면서, 이러한 갈등을 '신新정치'라고 표현하기도 한다. 구舊정치는 경제적·사회적 안전, 치안 및 국방과 관련된다면, 신정치는 삶의 질, 평등권, 개인의 자기실현, 참여와 인권 등의 문제들과 관련된다는 것이다. 이러한 저항의 시도는 그 성격상 특정한 계급에 국한된 저항이 아니다. 이러한 저항은 현대 사회의 자기 파괴적 경험에 당면하거나 그에 민감하게 반응하는 사람들에 의해 진행되며 '성장에 대한 비판'이라는 주제는 이들을 결합하는 끈이 되고 있다.

하버마스는 본래 근대의 기획이 의사소통 합리성에 담겨 있는 풍부한 합리성의 차원을 포괄하고 있다고 주장한다. 그렇기 때문에 우리가 체험하는 근대성의 역설, 즉 생활세계 식민화는 단지 자본주의적 근대화 속에서 포괄적 합리성이 제한적으로 실현되고 있다는 사실에 대한 징표일 뿐이다. 그는 사회 진화 과정을 설명하기 위해 '발전논리Entwicklungslogik'와 '발전역학Entwicklungsdynamik'이라는 개념을 사용하기도 했다. 사회 진화의 과정은 구체적이고 경험적인 상황 속에서 이루어지는 발전역학과 보편적 발전논리의 수준에서 동시에 접근할 수 있다는 것이다. 이러한 개념적 구별에 따르면, 생활세계 식민화로 인한 현대적 병리 현상의 출현은 발전역학에 해당하는 문제일 뿐, 발전논리 그 자체의 문제는 아니게 된다.

결국 생활세계 식민화를 통해 나타나는 현대적 병리 현상들, 즉 계몽의 한계는 이제 더 이상 불가피한 것이 아니다. 발전논리의 측면에서 보면, 근대라는 기획은 과학 기술의 발달, 보편주의적 윤리의 가능성, 예술의 자립화라는 세 측면을 모두 포괄하며, 그것들 사이의 조화를 모색하는 종합적 기획으로 파악된다. 그렇기 때문에 하버마스는 탈근대적인 시대 비판들에 맞서서 근대를 '미완의 기획unvollendetes Projekt'으로 규정하면서 근대성의 이념을 옹호하고자 한다. 물론 이러한 근대의 기획이 지닌 잠재적 가능성이 실제로 실현될지는 결코 미리 결정할 문제가 아니다. 왜냐하면 그러한 잠재성의 실현은 결국 역사적이고 우연적인 요소들 및 비판적 실천과 결부된 발전역학의 문제이기 때문이다.

2
토의 민주주의

앞에서 우리는 '생활세계 식민화' 테제를 중심으로 하버마스의 현대 사회에 대한 비판적 진단을 검토하였다. 이에 따르면, 오늘날 현대 사회의 주요한 사회병리 현상들은 화폐와 권력을 매체로 하는 체계의 경쟁과 효율성 논리가 의사소통 행위를 통해서 유지되고 재생산되는 생활세계의 고유한 논리를 침식하면서 발생한 결과들로 해석된다.

그렇다면 이제 진보 정치의 실천적 과제는 이러한 체계 논리의 확장과 침투를 제어할 수 있도록 생활세계의 저항을 강화하고 이를 통해 체계 논리의 확산을 제어하는 것이 될 것이다. 하버마스는 그의 토의 민주주의deliberative democracy 이론을 통해서 이러한 실천적 과제를 민주주의 정치 이론 차원에서 집중적으로 해명하고 있다.

1) 복지국가 체제의 등장이라는 배경에 관하여

이에 대해 구체적으로 검토하기 전에, 생활세계 식민화라는 하버마스의 시대진단이 서구 복지국가의 등장과 가지는 관계에 대해서 먼저 간략히 살펴보고자 한다. 왜냐하면 그의 시대진단과 대안이 개입주의 국가의 등장과 복지국가의 타협이라는 후기 자본주의적 현실을 그 배경으로 하고 있기 때문이다.

서구에서는 1960년대 이후 케인스주의에 입각한 개입주의 국가의 등장을 통해서 자본주의 경제에 내재하는 위기 경향이 통제되었고, 복지국가의 타협은 노동자의 사회적 지위를 제도화하고 사회복지 체계를 구축함으로써 계급 갈등을 완화하는 효과를 발휘하게 된다. 또한 이를 통해서 국가가 경제행위의 주요한 주체가 되고 동시에 복지 제공자로 기능하게 되면서 자본가와 노동자 사이의 직접적 갈등 역시 국가와 시민사회 사이의 갈등으로 전환된다.

한때 자유주의 국가는 계약을 통해 이루어지는 공정한 시장경제 질서를 유지할 뿐이라고 주장할 수 있었지만, 개입주의 국가가 출현함으로써 이제 국가는 더 이상 중립성이라는 가상을 유지할 수 없게 된다. 국가는 시민사회의 요구에 직접적으로 응답할 수밖에 없게 되었으며, 그런 한에서 사회적 갈등의 축 역시 이제 국가와 시민사회 사이의 관계로 전환된다.

이러한 시대적 조건이 시민사회 공론장Öffentlichkeit의 역할을 강조하는 토의 민주주의 모델에 관심이 집중되게 된 사회적 배경을 형성하였다고 할 수 있다. 이러한 변화와 더불어 사회개혁의 주체도 더 이상 특정한 계급이 아니라 경제적인 압박으로부터 자유로워진 시민들로 전환된다. 계급 갈등이 완화되고 국가가 시민들의 요구에 직접적으로 책임을 지는 상황에서 이제 사회갈등과 통합의 핵심 이슈도 국가 정책의 정당성 여부를 둘러싸고 전개될 수밖에 없게 되었다.

하버마스의 토의 민주주의 이론 역시 이러한 사회적 상황을 그 배경으로 하고 있다. 그리고 그는 이러한 복지국가 체제의 등장에 대해서 이중적 평가를 내리고 있다. 먼저 복지국가의 출현이 계급 불평등을 완화할 수 있고, 나아가서 사회권 보장을 통해 자유권과 참정권의 실질적인 행사가 가능해질 수 있다는 점에서 그는 복지국가의 출현에 긍정적 평가를 내리고 있다. 복지국가가 민주주의를 내실화하는 데 기여하는 부분이 있다는 것이다.

그러나 이와 동시에 그는 복지국가의 등장과 확대가 생활세계의 자율성과 고유성을 침해하는 결과를 낳을 수 있다는 사실에 대해 우려하기도 한다. 복지국가의 확대가 수혜자들의 자율성을 침식하고, 의사소통 행위를 통해 유지되는 생활세계의 고유 논리를 침해하는 부정적 결과를 초래할 수 있으며, 복지 확대를 명분으로 시민들의 삶에 대한 법적·행정적 통제와 감시가 더욱 확대될 수도 있다는 것이다.

하버마스는 복지국가의 출현을 통해 계급 갈등이 제도화되고 있다고 진단할 뿐 아니라, 앞서 살펴본 바와 같이 현실 사회주의는 자본주의 시장질서가 가지는 효율성을 부정하고 권력이라는 매체의 성격을 올바로 포착하지 못함으로써 비민주주의적 독재로 귀결되었다고 주장하기도 한다. 이 때문에 그는 사회주의적 계급혁명의 가능성을 부정하고, 민주주의의 급진화를 자신의 실천적 대안으로 제시하게 된다.

문제는 체계 논리가 생활세계를 침식함으로써 발생하는 사회적 병리 현상들을 해소하는 것이며, 이는 계급혁명이 아니라 민주주의의 급진화와 활성화를 통해서만 가능하다는 것이다. 이런 점에서 하버마스의 토의 민주주의 이론은 복지국가 체제하에서 민주주의의 심화를 통해 생활세계 식민화를 극복하고 체계와 생활세계 사이의 균형을 회복하고자 하는 기획이라고 정의할 수 있다.

2) 어떤 민주주의인가?

오늘날 민주주의는 전 지구적 차원의 시대정신을 형성하면서 급속히 확산되고 있는 것으로 보인다. 현실 사회주의의 몰락은 물론 최근의 중동 민주화 흐름에서도 확인할 수 있듯이 민주주의 국가는 지속적으로 그 외연이 확대되어 왔기 때문이다. 그렇지만 이와 동시에 내용적 측면에서 볼 때, 신자유주의적 지구화와 더불어 실질적인 민주주의가 오히려 후퇴하고 있다는 지적 역시 지속적으로 제기되고 있다. 투표율 하락으로 상징되는 정치적 무관심의 증대, 사회적 권력과 부의 편중, 엘리트들의 정책결정권 독점 등으로 인해 실질적 민주주의는 오히려 퇴행하고 있다는 것이다.

이처럼 상이한 현실진단들의 배후에는 민주주의에 대한 근본적인 견해 차이가 놓여 있는 것으로 보인다. 민주주의의 확산을 강조하는 입장에서 민주주의는 주로 정기적인 선거, 경쟁하는 정당들의 존재, 개인의 자유권 보장과 같은 형식적 조건들을 의미한다. 반면에 민주주의의 퇴행을 강조하는 입장에서 민주주의는 시민들의 참여를 통한 주권 실현, 적극적인 사회권 보장과 같은 실질적 내용을 함축하는 것으로 이해되고 있다.

그리고 민주주의에 대한 이러한 이해 방식의 차이에는 개인의 자유와 인권을 강조하는 자유주의와 인민의 자기지배를 통한 자율성 실현을 강조하는 공화주의 사이의 오래된 대립이 투영되어 있다. 민주주의는 본래 그 어원인 'democratia' 자체가 말하듯이 인민의 자기지배, 즉 자율성의 실현을 근본 이념으로 하고 있다. 그렇지만 이미 그의 스승 소크라테스의 죽음을 목도한 플라톤은 민주주의가 다수의 우중에 의한 비합리적이고 폭력적인 지배로 귀결될 수 있다는 신랄한 비판을 제기한 바 있다.

근대에 들어서도 역시 자유주의자들은 개인의 불가침의 자유와 권리를 보호하기 위해서는 다수가 지배하는 방식의 민주주의를 제어할 필요가 있음을 강조하였다. 반면에 공화주의자들은 개인의 자유에 대한 일방적 강조가 결국 사회적 불평등의 확산과 공동체의 해체로 귀결될 것을 우려하면서 민주주의의 확대를 요구하였다. 물론 이러한 대립의 근저에는 개인과 공동체의 관계, 시장과 정치의 관계에 대한 상이한 견해들이 놓여 있다.

하버마스의 토의 민주주의 구상은 개인의 인권, 즉 사적 자율성을 전제로 하면서도 동시에 시민들의 토의와 참여를 통한 공적 자율성 실현을 추구함으로써 이러한 기존의 대립 구도를 넘어선다. 그와 동시에 이 구상은 형식적 민주주의를 넘어 민주주의의 실질적 내용을 확보하기 위한 전략이라고 할 수 있다. 참된 민주주의가 실현되기 위해서는 정례적인 선거라는 형식적 절차를 넘어서 자유로운 시민들이 적극적인 토의와 참여를 통해 법의 저자, 즉 정치적 지배의 주체가 되어야만 한다는 것이다.

물론 자율성 이념을 적극적으로 실현하고자 한다는 점에서 토의 민주주의 구상은 공화주의 전통을 적극적으로 계승하고 있다고 할 수 있다. 그러나 그는 하나 된 공동체의 의지만 강조하는 공화주의적 이상에 대해서는 강력히 반대한다. 단일한 인민의 의지에 따른 자기지배의 이상은 다원성을 수용하는 현대 사회의 조건에 부합하지 않기 때문이다. 이미 상호주관성 개념을 강조하면서 고독한 주체에 입각한 의식철학 모델을 거부했던 그는 국가나 공동체를 고독한 거대 주체로 상정하려는 시도에 대해서도 부정적인 평가를 내리고 있는 것이다.

한편 그의 토의 민주주의 구상은 현대 사회에서 사회의 범위가 확대되고 정치적 사안의 복잡성이 증대되었다는 사실을 강조하면서 인민의 자율적 지배는 이제 더 이상 불가능하다고 주장하는 엘리트 민주주의 이론과는 완전히 대립되는 것이다. 엘리트 민주주의 이론가들은 정치를 시장으로, 시민을 소비자로 바라보면서 오늘날 시민들은 단지 경쟁하는 정치적 리더들 중 하나를 선택할 수 있을 뿐이며, 선택된 리더들은 시민들이 원하는 이익을 제공할 뿐이라고 주장한다. 반면에 하버마스는 이러한 현실주의적 민주주의관에 맞서서 시민들의 토의와 참여를 통한 공적 자율성의 실현이 여전히 가능하며 또 필요하다고 역설한다. 오늘날 정치적 사안들에 대한 전문가들의 특권은 인정될 필요가 없으며 시민들은 모든 정치적 사안에 대한 적극적인 발언의 권리가 있다는 것이다.

3) 법과 민주주의

그의 저서 『사실성과 타당성』에서 확인할 수 있는 바와 같이 하버마스의 토의 민주주의 이론은 법에 대한 그의 탐구와 밀접히 연관되어 있다. 그의 정치 이론에서 이와 같이 법의 문제가 논의의 중심이 되는 이유는 무엇보다도 생활세계가 체계의 간섭과 침투를 제어할 수 있는 유일한 통로, 언어가 곧 법이기 때문이다.

물론 하버마스에게 법은 『사실성과 타당성』이라는 그의 저서의 제목이 상징하는 바와 같이 체계를 제어하는 특수한 기능적 제도인 동시에 규범적 정당성의 원천이기도 하다. 법은 민주적 입법 과정을 통해서 정당화 과정과의 연관성을 유지하는 동시에, 경제 체계나 행정 체계와의 기능적 소통 가능성을 확보하고 있다는 것이다. 그렇기 때문에 이제 법은 생활세계와 체계 전반을 관통하는 사회통합의 중심 매체로 등장하게 된다. 법은 한편으로 생활세계의 규범에 기초한 시민들의 민주적 요구를 수용하는 동시에 그러한 요구를 시장과 행정 권력에 전달한다.

하버마스에 따르면, 이러한 법의 이중성에 기초하여 민주적 토론과 제도에 입각한 의사소통 권력이 행정 권력으로 전환될 수 있을 때에만 체계의 논리에 대한 실질적 영향력 행사도 가능해진다. 시민적 공론에 반응하는 의회의 입법 행위를 통해 행정부에 대한 적극적 통제가 이루어져야만 한다는 것이다. 화폐나 권력과 같은 매체들은 법적 제도화를 그것이 기능하기 위한 기초로 삼고 있으며, 오직 법적 언어를 통해서만 제어될 수 있다. 생활세계의 저항과 요구 역시 결국에는 법적 언어로 번역될 때 비로소 체계의 질서와 소통할 수 있다.

4) 공론장과 의회

토의 민주주의는 시민사회 공론장에서 진행되는 다양한 토의를 기초로 하는 입법부의 심의와 그 결과인 입법 행위를 통해 국민 주권의 이념을 실현하고, 이를 통해 체계 논리에 의한 생활세계의 침식을 제어하고자 하는 기획이라고 말할 수 있다.

물론 민주주의에 대한 이러한 이해가 가능하기 위해서는 앞서 살펴본 의사소통 합리성의 작동 가능성이 전제되어야만 한다. 합리적 의사소통과 담론을 통한 상호이해의 가능성이 원칙적으로 전제될 때에만 토의를 통한 공적 자율성의 실현이라는 구상도 성립할 수 있기 때문이다.

그런데 여기서 우리는 공론장의 요구와 소통하는 입법 행위를 통해 출현한 의사소통 권력이 체계가 산출하는 부작용을 제어할 뿐, 결코 체계 질서 자체를 대체하지 않는다는 점을 기억해야 한다. 앞에서도 강조하였듯이, 하버마스는 생활세계의 논리에 의해 체계 논리를 대체하는 것에 반대한다. 그뿐아니라 그는 입법부를 중심으로 사회를 하나의 단일한 통일체로 파악하는 것에 대해서도 역시 반대한다. 분화된 현대 사회에서 더 이상 전체를 총괄하고 지배하는 중심은 존재하지않는다는 것이다. 입법 행위를 중심으로 하는 정치가 비록 그 기능 면에서 모든 사회적 문제들에 관여한다고 하더라도, 복잡한 기능 체계들의 분화를 통해 성립하는 현대 사회에서 더이상 입법부나 정치가 전체를 지휘하는 중심으로 표상되어서는 안 된다는 것이다.

이러한 단서 조건하에서 제시되고 있는 하버마스의 토의 민주주의는 이중적인 정치라고 할 수 있다. 이때 이중성이란 먼저 토의 공간의 이중성, 민주주의가 구현되는 장소의 이중성을 말한다. 시민사회 공론장과 의회의 관계를 중심으로, 우리는 이 이중성을 이해할 수 있을 것이다. 시민사회 공론장과 의회는 상이한 토의 공간이며, 동시에 민주주의가 구현되는 장소들이라고 할 수 있다. 물론 이 양자는 결코 무관한 것이 아니다. 토의 민주주의는 시민사회의 요구가 집약되어 입법 과정에 실질적인 영향력을 행사할 것을 요구하고 있기 때문이다.

먼저 공론장은 시민사회 내부에서 작동하는 의사소통의 망(네트워크)이라고 할 수 있다. 여기서 시민사회는 자본주의적 경제 체계나 국가영역으로부터 자율성을 가지는 사회공간을 의미한다. 시민사회 공론의 형태는 언론, 텔레비전의 공론, 문학적 공론, 정치적 공론, 학술적 공론 등 매우 다양한 형태로 존재한다. 그리고 다양한 형태로 존재하는 이러한 공론들은 생활세계의 문제와 훼손들에 민감하고도 신속하게 반응한다는 장점을 가지고 있다. 이러한 문제 제기들은 자유로운 의사소통의 망 속에서 하나의 주제나 문제 제기로 집중되고, 이를 통해 사회적, 정치적 이슈가 형성된다. 그리고 이렇게 형성된 시민들의 의사는 입법부의 의사결정 과정에 적극적으로 반영되어야만 한다.

물론 공론장의 긍정적 역할에 대한 하버마스의 이러한 기대에 대해서 과연 공론장이 진정 지배로부터 자유로운 공간인가? 다양한 이해관계로 분열된 현대 사회에서 공론장을 통한 사회적 합의의 모색이란 것이 과연 가능한가? 하는 근본적 문제들이 제기될 수 있을 것이다.

공론장에 내재하는 권력 불균형이나 지배의 문제와 관련하여서는 예를 들어 거대 자본이 지배하는 언론 권력의 문제나 국가와 기업의 연구비를 지원받는 학술활동과 같은 사례들을 떠올려 볼 수 있을 것이다. 이러한 명백한 사례들에서 볼 수 있듯이 현실적으로 존재하는 공론장이 정치 권력이나 경제 권력과 전적으로 분리될 수 없다는 사실은 명백하다. 비록 이후에 자신의 입장을 수정하기는 하였지만 사실 하버마스 역시 그의 교수 자격 논문인 『공론장의 구조변동』(1962)에서는 공론장이 민주적 기능을 상실하게 되었다는 비관적 진단을 내린 적도 있다.

그러나 우리는 이와 동시에 자본이나 국가로부터 상대적 자율성을 유지하면서 공익적 관점에서 사회비판 활동을 진행하는 다양한 시민사회 단체들이 존재하며, 다양한 소규모 단체들 내부에서 시민들의 자유로운 토론이 지속되고 있다는 사실 역시 부정할 수 없다. 또한 우리는 비록 거대 언론이나 사회적 영향력을 보유한 엘리트들이라고 할지라도 공론장에서 그 영향력을 행사하기 위해서는 시민들을 설득할 수 있는 논거들을 제공할 수밖에 없다는 점에도 주목할 필요가 있다. 특히 인터넷 기술의 발전과 더불어 대중 매체에서도 일방적인 정보 전달을 넘어서 쌍방향 소통이 확대되고 있는 사실도 부정할 수 없다. 따라서 결국 우리의 과제는 이러한 공론장의 이중성을 인정하면서 어떻게 자유롭고 능동적인 시민들의 토의를 강화할 것인가 하는 것이 된다.

한편 공론장 내부에서의 합의 가능성 문제와 관련하여서는 먼저 토의 과정이 그 내적 논리를 통해서 시민들이 가지고 있는 기존의 선호도나 판단을 변화시킬 잠재력을 지녔다는 점을 기억할 필요가 있다. 토의는 단지 자신의 입장을 표명하는 장일 뿐만 아니라 그 자체가 교육적 기능도 가지고 있다. 토의에 참여하는 당사자들은 더욱 합리적인 논거를 수용할 자세가 되어 있으며, 이는 합리적 논거를 통해 자신의 입장을 변화시킬 수 있음을 의미하기 때문이다.

공론장 역시 토의의 거대한 사회적 네트워크를 형성하면서 다양한 입장들을 집약할 뿐만 아니라 시민들이 가지고 있는 기존의 입장들을 변화시키면서 더 합리적인 방향으로 논의를 이끌어 나가게 된다. 물론 이처럼 시민사회 공론장이 그 긍정적 기능을 실제로 발휘할 수 있는지는 해당 사회의 합리화와 자유화가 어느 정도나 진전되었는지에 의존할 수밖에 없을 것이다. 예를 들어 자유로운 정치문화와 합리적인 소통문화가 부재한 독재국가에서 공론장이 민주적 기능을 발휘할 것을 기대할 수는 없다.

그리고 특정한 사안과 관련하여 시민사회 공론장에서 언제나 단일한 결론이 도출되는 것은 아니며 반드시 그럴 필요도 없다. 합의 그 자체가 하나의 단일한 가치를 도출한 것이 아니라 서로 다른 가치들이 공존할 수 있는 권리에 대한 상호인정을 목표로 하는 것이다. 게다가 공식적 제도와 절차가 미비한 공론장에서 최종적인 단일 결론이 도출될 수 없는 것은 당연한 일이다. 그뿐만 아니라 현실에 존재하는 공론장은 매우 무질서하며 외부의 조작에 쉽게 노출될 수 있다는 단점을 가지고 있다.

그 때문에 이러한 공론장에서 진행되는 의사소통만으로 모든 문제가 해결될 수도, 최종적인 정치적 결론이 제시될 수도 없다. 공론장에서 다양한 문제가 제기되기는 하지만, 스스로 그러한 문제의 해결책을 확정할 수는 없기 때문이다. 다양한 공론장이 생활세계의 문제들을 예민하게 감지하고 그 요구를 입법부에 집약적으로 전달할 수는 있지만, 분산된 공론장의 요구가 입법을 최종적으로 정당화하는 공간이 될 수는 없다.

그렇기 때문에 공론장은 그것을 보완하는 제도로서 국민 주권을 대변하는 입법부의 존재를 필요로 하게 된다. 경제나 행정 체계에 직접 영향을 미칠 수 있는 것은 의회의 적법한 절차에 따른 입법 활동이 행정 권력을 통해 구체적으로 실행됨으로써 비로소 가능해질 수 있다. 물론 이를 위해서는 활성화된 정당들이 생동하는 시민들의 요구를 적극적으로 대표할 수 있어야만 한다.

결국 하버마스가 말하는 토의 민주주의는 활발하고 성숙한 시민사회의 공론과 제도화된 의회의 상호작용을 통해 발전되는 민주주의를 지향한다고 할 수 있다. 민주주의가 선거 기간

중에 단 한 번만 주권을 행사하는 형식적인 민주주의로 전락하지 않기 위해서, 그리고 시민들의 생동하는 요구가 정치적 이슈가 되고, 또 시민들이 자발적으로 그러한 요구를 제기하기 위해서 토의 민주주의라는 개념이 제기되고 있는 것이다. 하버마스에 따르면, 이렇게 민주주의가 활성화될 때 비로소 체계 논리에 의한 생활세계 식민화의 제어도 가능하다.

5

이후의 작업들

‘생활세계 식민화’ 테제와 ‘토의 민주주의 이론’으로 압축되는 시대진단과 실천적 대안을 제시한 이후 하버마스가 진행해 온 작업들은 대체로 자신의 철학적 입장을 체계화하려는 시도들과 시대적 현안들에 대한 대응으로 나누어 볼 수 있다. 이를 통해 그는 자신이 제시한 의사소통 패러다임을 철학적으로 공고화하는 한편 다양한 시대적 현안들에 대해서도 적극적으로 자신의 의견을 개진했다.

1
철학적 개입

　이미 『현대성의 철학적 담론』(1985)을 통해 하버마스는 소위 포스트모더니즘 논쟁의 중심에 선 바 있다. 서구적 근대성에 대한 급진적 반성의 필요성을 주장하며 등장한 포스트모더니즘은 주체의 죽음과 이성의 해체를 선언하면서 1980년대 이후 매우 폭넓은 사상적 영향력을 발휘했다. 이에 대응하여 하버마스는 『현대성의 철학적 담론』에서 이러한 사상적 흐름이 근대성에 대한 철학적 성찰의 역사와 어떤 연관이 있으며, 그것이 어떻게 전개되어 왔는지를 상세하게 분석하면서 그에 대한 비판적 평가를 제시하였다.

그는 니체를 탈근대의 전환점으로 규정하면서, 하이데거와 데리다로 대변되는 형이상학 비판의 흐름과 바타유와 푸코로 대변되는 권력 비판의 흐름에 주목한다. 하버마스는 이러한 사상적 분투들이 근대적 이성의 한계에 대한 철학적 비판의 계기를 가지고 있음에도 불구하고, 이성의 외부를 모색하는 이러한 비판의 전략들이 결국에는 자신들이 제시하는 비판의 정당성을 확보하는 데에서 실패할 수밖에 없다고 말한다. 이성의 타자, 이성의 외부를 지향하는 급진적 이성비판의 전략들은 비판의 근본 토대인 이성의 대지와 결별하면서 결국 스스로의 의도를 부정하는 '수행적 모순'에 빠지게 된다는 것이다.

이러한 비판적 평가에 기초하여 하버마스는 의사소통 이성이라는 새로운 탈출구를 제시하고자 했다. 물론 이러한 대안은 그가 제시한 의사소통 행위이론 구상에 입각한 것이다. 주체와 주체 사이의 상호인정과 합리적 의사소통이라는 새로운 대륙을 통해 그는 이성의 외부로 나아가지 않으면서도 근대의 주체 중심적 이성이 봉착한 한계에서 벗어날 수 있는 새로운 패러다임을 제시하고자 하였다.

또한 그는 『탈형이상학적 사유』(1989)에서도 자신의 철학적 입장이 가지는 의미를 다양한 맥락에서 제시한 바 있다. 먼저 그는 현대적 사유를 추동하는 근본 동기로 탈형이상학적 사유, 언어적 전회, 이성의 상황화, 로고스 중심주의의 극복을 제시한다. 이는 현대적 사유의 조건에서 형이상학적 사유, 의식철학적 사유, 본질주의적 사유 등이 더 이상 통용될 수 없음을 의미한다. 그는 자신의 의사소통 패러다임이 이러한 사유 동기들을 어떻게 수용하고 있는지를 밝힘으로써 오늘날 의사소통 패러다임이 가지고 있는 철학적 정당성과 잠재력을 해명하고자 한다.

여기서의 주된 논의는 의사소통 패러다임이 화용론적 전회를 통해 의식철학의 한계를 극복하고 있으며, 절차적 합리성 개념을 수용함으로써 형이상학적이고 본질주의적인 사유를 벗어났다는 점, 그리고 현대적 사유의 조건으로 생활세계의 맥락을 강조함으로써 이성이 가지는 맥락 제한성을 수용하고 있다는 점을 밝히는 것이다. 그리고 이러한 논의를 통해 결국 하버마스가 주장하고자 하는 바는 의사소통 이성이 과학기술, 도덕과 윤리, 그리고 예술이라는 타당성 영역의 분화를 통해 이성의 다양성을 적극적으로 수용하면서도 동시에 분화된 이성의 다양성 속에서 통일성을 확보해 나갈 잠재력을 가지고 있다는 사실이다. 다시 말해 이 저작은 과학과 윤리 그리고 예술이 분화된 현대 사회에서 의사소통 이성이 이러한 분화를 적극적으로 수용하면서도 어떻게 분화된 영역들 사이의 소통과 통일성을 보증할 수 있을 것인가 하는 핵심적인 현대 철학의 문제들을 다루고 있다고 할 수 있다.

이러한 기존의 철학적 성찰들의 연장선에서 하버마스는 퇴임 이후에도 주요한 철학적 저작들을 발표하면서 자신의 입장을 더욱 체계화하고자 노력해 왔다. 이와 관련된 주요한 저작들로는 『진리와 정당화』(1999), 『자연주의와 종교 사이에서』(2005) 그리고 『탈형이상학적 사유 II』(2012) 등을 꼽을 수 있다. 이 저작들을 통해서 하버마스는 한편으로 자신이 제시한 의사소통 행위이론의 철학적 기초를 공고히 하고자 하였으며, 다른 한편으로는 종교와 인간적 삶의 의미 등과 관련된 자신의 입장도 제시하고 있다.

먼저 『진리와 정당화』는 하버마스가 오랫동안 방치해 두었다고 표현하는 이론 철학의 문제들에 대한 성찰을 담고 있다. 여기서 핵심적인 문제는 먼저, 인간 삶의 자연사적 우연성과 우리에게 불가피한 것으로 다가오는 규범성을 매개하는 것이며, 다른 하나는 실재의 객관성과 언어적 인식의 한계를 이론적으로 매개하는 문제라고 할 수 있다.

우리의 근본적 삶의 방식이 자연사적 진화의 우연한 결과임에도 불구하고 우리는 과연 인식적, 도덕적 규범이 가지는 필연성을 주장할 수 있는가? 우리의 인식에 대한 언어의 구속성에도 불구하고 우리는 외적 실재의 객관성을 수용할 수 있는가? 이러한 물음들에 응답하면서 하버마스는 이상적인 합의와 객관적 진리 사이의 간극, 3인칭 관점에서 서술되는 자연사적 사실성과 우리가 결코 회피할 수 없는 참여자 관점 사이의 간극을 매개하는 길을 모색하고 있다.

여기서 그는 극단적 3인칭 관점으로 모든 것을 환원하는 자연주의와 1인칭 관점의 선험성만을 고수하는 관념론에 맞서 '약한 자연주의'라는 새로운 대안을 제시하고 있다. 이를 통해 그는 한편으로 인간 삶이 자연사적 진화와 학습의 산물이라는 사실을 받아들이면서도, 동시에 그것이 학습 과정의 산물인 한에서 결코 우연적이거나 주관적인 것만은 아니라는 입장을 제시한다. 인간의 진화 과정 자체가 객관적으로 제기되는 문제해결의 지속 과정이라는 점에서 인간 삶의 근본적 형식들 역시 한갓 주관적인 것일 수만은 없다는 것이다.

다양한 현대 철학적 논의 맥락 속에서 진행되는 근본적 물음들에 대한 하버마스의 논의는 그의 철학적 입장이 가지는 이론적 정당성과 관련하여 더욱 심도 있는 성찰의 기회를 제공하고 있다. 이러한 논의들을 통해서 그는 자신이 제시하는 방식의 언어적 전회가 지닌 철학적 의미를 밝히고 기존의 의사소통 행위개념을 보완하고자 한다.

특히 그는 규범적 동의를 함축하는 강한 의사소통 행위개념을 사실이나 의도에 대해 상호확인만을 함축하는 약한 의사소통 행위개념과 구별하고자 한다. 이를 통해서 그는 기존의 의사소통 행위개념이 규범적 동의를 목적으로 하는 행위와 동일시되면서 여타의 다양한 의사소통 양태들을 간과하고 있다는 비판에도 대응하고 있다.

한편 그간 거의 다루고 있지 않던 종교문제와 관련하여서도 하버마스는 라칭어 추기경과의 대담(2004) 그리고 『자연주의와 종교 사이에서』를 통해 자신의 입장을 제시하였다. 과거 『의사소통 행위이론』에서 그는 근대화 과정을 종교적이고 형이상학적인 세계관의 미몽으로부터 해방되는 과정으로, 신성한 것의 권위가 소멸하는 과정으로 규정하였다.

그러나 최근 들어 그는 오히려 세속화된 이성이 종교적 상징과 경험들이 가지는 대체불가능한 차원에 새롭게 주목할 필요가 있음을 강조하고 있다. 물론 그렇다고 해서 하버마스가 이성의 세속화가 지니는 불가피성이나 형이상학적 세계관에 대해 세속적 이성이 지니고 있는 우월성을 거부하는 것은 아니다. 단지 하버마스는 세속화 과정이 산출한 사회적 병리현상들을 고려하면서 이성의 세속화가 수반하는 의미 상실의 문제에 주목하고 종교적 전통에 내재하는 깊은 의미들에 대해 성찰할 것을 요구하고 있을 뿐이다.

하버마스에 따르면, 이를 위해서는 무엇보다도 종교인과 비종교인 사이의 열린 의사소통이 필요하다. 먼저 비종교인들은 종교인들의 발언과 요구에 대해서, 비록 그것이 그들의 신앙에 기초하고 있다고 하더라도, 열린 자세로 그들의 주장을 경청할 필요가 있다. 이는 종교가 단지 전근대 사회의 사라져 가는 유물로만 치부되어서는 안 된다는 그의 새로운 인식을 반영하고 있다. 그는 동시에 민주사회의 시민으로서 종교인들 역시 비록 자신들의 종교적 신앙에 대해 강한 확신을 가지고 있다고 하더라도 자신들의 확신만을 표명하기보다는 그것을 세속적 담론의 장 속에서 정당화하려고 노력해야만 한다는 사실도 강조하고 있다.

종교에 대한 그의 이러한 관심은 한편으로 오늘날 증대하고 있는 종교의 영향력과 그로 인한 심각한 갈등을 반영하고 있으며, 다른 한편으로는 개별 국가 및 문화의 정체성에 대해서 종교가 가지는 구속력에 대한 성찰도 반영하고 있는 것으로 보인다. 사실 그간 하버마스가 제시하는 절차주의적이고 형식주의적인 의사소통 이성에 대해서 그것이 특정 공동체의 윤리적이고 문화적인 전통을 적절히 고려하지 못한다는 비판이 꾸준히 제기되어 왔다. 종교에 대한 그의 성찰은 이러한 비판들에 응답하면서 종교적 전통에 내재하는 좋은 삶에 대한 표상과 이상이 가지는 의미에 새롭게 주목해 보고자 하는 시도라고 할 수 있다. 이를 통해 그는 기존의 담론윤리가 가지는 무내용성과 형식성이라는 한계를 보완할 수도 있을 것이다.

한편 그는 『인간이라는 자연의 미래』(2001)를 통해 유전공학의 급속한 발전이 야기하는 새로운 도전에 주목하면서 자유주의적 우생학, 즉 더 우수한 자녀를 얻기 위해서 부모가 자녀의 유전자를 미리 선택하는 것에 대해서 강력한 반론을 제기하기도 한다. 그는 여기서 이러한 유전자 선택이 자기 자신에 대한 인간의 근원적 이해 방식 자체를 크게 변화시킬 수 있다는 점에 주목하고 있다.

인간이 도덕적 책임을 지는 자유로운 존재이기 위해서는 자신의 탄생이 우연적이며 그 속에서 스스로를 형성해 나가는 존재, 즉 주체라는 자기이해가 반드시 필요하다. 그런데 만일 인간의 탄생이 자기가 동의하지도 않은 그 어떤 타인의 선택의 결과이거나 계획의 산물이라고 한다면, 인간은 더 이상 도덕적 책임을 지는 자유로운 존재가 될 수 없게 된다는 것이다.

여기서 특히 흥미로운 부분은 하버마스가 도덕적 책임과 자유의 성립 조건으로 인간의 특정한 자기이해 방식을 강조하고 있다는 점이다. 앞서 살펴본 바와 같이 그간 하버마스는 담론윤리를 통해 옳음과 좋음을 구별하고 좋음에 대한 옳음의 우선성을 강조해 왔다. 그러나 여기서는 도덕적 옳음이 성립하기 위해서는 특정한 좋음, 즉 특정한 인간의 자기이해가 필요하다는 점을 강조하고 있다. 이 역시 의사소통 이성이나 담론윤리가 가지는 추상성을 보완하려는 하나의 시도로 읽힐 수 있을 것으로 보인다.

종교와 인간에 대한 근본적 성찰들을 통해서 하버마스는 이 시대의 중요한 철학적 물음들에 응답하는 동시에 새로운 도전들과 대결함으로써 자신의 기존 입장들이 가지는 한계를 보완해 나가고 있는 것으로 보인다.

의사소통 이성, 나아가서는 담론윤리를 통해 그간 하버마스는 사회비판을 위한 보편적 규범을 확립하기 위해서 애써 왔다. 그리고 이를 위해서는 문화상대주의 그리고 도덕적 회의주의나 결단주의와의 대결이 중요하였으며, 이 때문에 그는 특수한 문화적 가치나 좋음에 대해 옳음이나 보편적 정의가 가지는 우선성을 주로 강조하여 왔다. 다원주의가 지배하는 현대 사회에서 다양한 종교나 가치관들 사이의 갈등을 해소하기 위해서는 보편적 인권이나 정의와 같은 개념들을 확립하는 것이 무엇보다도 시급했기 때문이다.

그러나 많은 논자들이 지적한 바와 같이 보편적 인권이나 정의는 언제나 구체적 문화와 전통 속에서 실현될 수밖에 없고, 따라서 그것은 그러한 문화와 전통 속에 구현된 구체적인 공동체의 가치들의 지원을 필요로 한다. 이런 점에서 종교나 인간적 삶의 의미에 대한 그의 근원적 성찰들은 자신의 기존 입장들을 유지하면서도 특정한 문화적, 종교적 전통과 가치가 가지는 풍부한 의미와 내용들을 적극적으로 수용해 내기 위한 노력의 일환이라고 평가해 볼 수 있을 것이다.

2
실천적 개입

철학적 성찰의 깊이와 폭을 넓히기 위한 작업들과 더불어 하버마스는 당대의 정치적 현안들에 대한 개입 역시 주저하지 않았다. 이와 관련된 대표적 사례로는 유럽 통합과 이라크 전쟁의 경우를 들 수 있다. 이러한 문제들에 대한 그의 견해는 『이질성의 포용』(1996), 『분열된 서구』(2004), 『아, 유럽』(2008) 등의 저작들을 통해서 표명되었다.*

이와 관련하여서는 특히 두 주제가 개별 국민국가 영역을 넘어서는 문제들을 다루고 있다는 점, 다시 말해 국민국가 이후의 문제들과 관련되어 있다는 점에 주목할 필요가 있다.

앞서 우리가 살펴본 하버마스의 시대진단과 대안 제시는 일차적으로 개별 국민국가를, 구체적으로는 독일사회를 그 대상으로 삼고 있다. 그러나 주지하는 바와 같이 오늘날의 정치

---

* 위르겐 하버마스, 황태연 옮김, 『이질성의 포용』, 나남, 2000; 위르겐 하버마스, 장은주·하주영 옮김, 『분열된 서구』, 나남, 2009; 위르겐 하버마스, 윤형식 옮김, 『아, 유럽』, 나남, 2011.

적 도전들은 급속하게 진행되는 지구화 과정이 개별 국가 단위를 넘어서는 다양한 문제들을 산출하고 있다는 사실과 깊이 연관되어 있다.

먼저 유럽연합의 성립 과정은 그 자체가 근대적 국민국가 단위를 넘어서는 새로운 지역공동체의 생성을 목표로 하고 있다. 그리고 이라크전쟁 역시 직접적으로는 세계평화의 문제와 관련되며 당시 전 세계적 반대여론에서 확인되는 바와 같이 세계시민사회의 출현이라는 사건과도 밀접히 연관되어 있다. 아래에서는 탈脫국민국가의 도전에 대한 응전이라는 관점에서 이와 관련된 하버마스의 입장에 대해 간략히 살펴보고자 한다.

잘 알려져 있는 바와 같이 석탄철강공동체의 형성에서부터 시작된 유럽통합의 흐름은 통화통합을 넘어 유럽연합의 형태로 그 통합의 수준과 외연을 지속적으로 확대해 오고 있다. 그리고 이러한 통합의 과정은 오늘날 국민국가 단위의 국제질서를 넘어 새로운 지역공동체를 건설하는 선구적 사례를 제시하고 있다.

하바마스는 이와 관련하여 이러한 새로운 지역 단위 공동체가 더욱 민주화된 방향으로 발전할 것을 촉구하면서 적극적인 지지를 표명해 왔다. 유럽연합은 단지 기능적인 통합을 넘어 더욱 민주적인 방향으로, 유럽 시민들의 민주적인 의사형성을 가능하게 하는 방식으로 발전해 나가야만 한다는 것이다. 그는 그간 유럽통합 과정이 주로 단일시장의 창출을 통한 경제성장처럼 기능적 필요성에 의해 추동되면서, 유럽연합이 그 정당성에 대해 시민들의 민주적 동의를 결여하게 되었다는 사실에 우려를 표명하였다. 또한 그는 이를 극복하기 위해 유럽적 정체성을 형성하고 시민들의 민주적 참여와 동의를 강화할 것을 요구해 왔다.

이를 위해 그는 유럽 헌법을 채택하고 연방주의를 강화할 것을 주장했는데, 이는 자신이 제시한 일국 단위의 토의 민주주의 모델을 초국가 단위에서 적용해 보기 위한 하나의 시도라고 볼 수 있다. 이러한 시도의 연장선에서 그는 유럽연합 내부의 민주주의를 강화하고, 종교적 또는 종족적 동질성을 넘어서는 유럽 시민적 정체성을 강화할 것을 강조한다.

이처럼 그가 하나의 유럽을 옹호하는 것은 첫째, 지구화 시대에 국경을 초월하는 자본에 대응하기 위해서는 국민국가 단위를 넘어서는 초국적 대응이 시급하기 때문이다. 앞서 살펴본 바와 같이 생활세계 식민화 테제는 일국 단위에서 자립화된 시장체계에 의해 생활세계가 파괴되는 것을 문제 삼고 있다. 그러나 지구화의 진전과 더불어 자본주의 시장은 국경을 넘어서 초국적 형태로 발전하고 있는 상황이다. 그리고 이러한 과정은 오늘날 빈곤층의 증대와 실업률의 증가 등의 심각한 사회 문제들을 확산시키고 있다. 그러나 이에 반해서 개별 국민국가 단위에서 이러한 문제들에 대응할 수 있는 능력은 점차로 축소되고 있다.

따라서 이에 대한 생활세계의 대응 역시 국민국가 단위를 넘어 초국적 형태를 취할 수밖에 없을 것이다. 물론 이를 위해서는 초국적 대응을 위한 초국적 공론과 민주적 정치 제도를 구축하는 것이 필요하다. 그렇기 때문에 하버마스는 유럽의회를 강화하고, 국민국가 단위 공론장들이 초국적인 문제들에 더욱 적극적인 관심을 기울일 필요가 있음을 역설하고 있다.

둘째, 미국 중심의 신자유주의 질서의 확산 그리고 이라크 전쟁에서 볼 수 있는 바와 같은 미국의 일방주의에 대한 억지를 위해서도 미국에 대응할 수 있는 거대한 정치적 주체의 형성이 시급하다는 것이다. 그는 인권과 민주주의 이념에 투철한 유럽연합이 그 통합의 수준을 심화시켜 미국에 대응할 수 있는 독자적인 정치적 능력을 세계무대에서 발휘할 필요가 있다고 주장한다. 물론 이러한 그의 주장은 단지 유럽 중심주의라기보다는 힘의 균형을 통해 '국제법을 입헌화'하고 이를 통해 세계평화를 실현할 수 있다는 규범적 판단에 기초하고 있는 것이라고 보아야 할 것이다.

한편 유럽연합을 넘어서 국민국가 이후의 전 지구적 질서를 모색하는 문제와 관련하여 하버마스는 이러한 모색이 반드시 단일 정부를 지향하는 세계공화국 혹은 세계정부 구상으로 이어질 필요는 없다고 주장한다. 우선 이러한 구상은 현실적으로 유일 강대국 중심의 단일 제국 구상으로 이어질 수 있으며, 그것이 불가피한 경로도 아니기 때문이다.

오히려 하버마스는 전 지구적 차원에서는 기존의 UN을 강화하면서 현존하는 국제법에 지구적 헌법의 위상을 부과하고 국제적 협조를 통해 전쟁, 인권 침해, 환경 파괴와 같이 전 인류적으로 시급한 과제에 대응하는 것이 더욱 현실적이면서도 바람직한 대안이라고 주장하고 있다. 한편으로 유럽연합과 같이 개별 국가 단위 민주주의의 지원을 받는 형태의 지역공동체들이 공존하면서 전 지구적 단위에서는 국제법에 입각해 시급한 지구적 과제들에 대응할 필요가 있다는 것이다.

영토 단위의 독점적 권력 형성에서부터 시작된 국민국가 형성 경로와는 반대로 이미 존재하는 국제법의 입헌화를 통해 지역공동체와 개별 국민국가 사이의 협력과 갈등을 조정하고 이를 통해 국민국가 이후의 평화롭고 민주적인 국제정치 질서를 모색해 보자는 것이다.

이러한 그의 입장은 『분열된 서구』에서 표명되고 있는 미국의 이라크전쟁에 대한 평가에서도 잘 드러난다. 이 저술은 2001년 911 테러와 2003년 이라크전쟁 발발을 배경으로 수행된 하버마스의 정치철학적 현실 개입 시도들을 담고 있으며 그 핵심은 이라크전쟁을 계기로 가시화된 '서구의 분열'을 극복하기 위한 방안, 즉 '국제법의 입헌화'라는 칸트적 기획을 제시하는 데에 있다.

여기서 분열이란 미래의 전 지구적 정치질서의 방향과 목표를 규정하는 데서 나타난 서구 사회 내부의 분열을 의미한다. 네오콘의 일방주의 외교 노선에 입각하여 국제법을 무시하면서 시작된 미국 부시 행정부의 이라크전쟁으로 인해 서구는 유럽대륙 국가들과 앵글로색슨 국가들로, 낡은 유럽과 새로운 유럽으로 분열되었다는 것이다. 하버마스에 따르면 이러한 분열의 근본적인 책임은 국제법을 무시한 부시 행정부의 일방주의 외교 노선에 있다.

하버마스는 미국의 이라크전쟁에 대해서 첫째, 유엔 안전보장이사회의 결정에 입각한 전쟁이 아니며, 둘째, 실제적이거나 긴급한 공격에 대한 자기방어 전쟁이 아니라는 점에서 국제법에 의해 정당화될 수 없는 것이라고 주장한다. 911 테러 이후 미국은 힘에 의한 일방주의 외교 노선을 강화하였으며, 이라크 민중의 해방과 중동 민주화를 기치로 이라크전쟁을 수행하였다. 엄청난 힘의 불균형 속에서 전쟁은 신속히 종료되었고, 독재자 후세인은 결국 체포되었다. 세계시민들은 독재자 후세인의 동상이 무너지는 영상에 환호하는 동시에 강대국의 일방적인 힘의 행사에 반대하였다.

하버마스가 이라크전쟁에 반대했던 핵심적인 논점은 그것이 국제법이라는 규범을 파괴하였다는 데 있다. 그는 반미주의자들처럼 미국이 본질상 제국주의 국가라든가 미국이 이라크전쟁을 수행한 목적 자체가 자국이익의 극대화에 있다는 식의 혐의를 제기하지는 않는다.

오히려 비판의 핵심은 미국의 이라크전쟁이 그 절차상 결코 규범적으로 정당화될 수 없으며, 이는 결국 국제규범을 위협하는 결과를 가져오게 될 것이라는 데에 있다. 미국의 이라크 전쟁이 자유와 인권의 신장, 중동 지역에서의 민주주의 확대라는 목표하에서 수행되었고, 나아가서 그 전쟁이 결과적으로 이라크 주민들의 자유와 인권을 신장하는 결과를 가져다 주었다고 하더라도, 그 전쟁은 결코 규범적으로 정당화될 수 없다는 것이다. 여기서 핵심적인 차이는 인권 존중과 민주주의 확산이라는 이념과 목적 자체가 아니라 그것을 실현하는 방법에서 드러난다.

하버마스의 주장 근저에는 진정한 세계평화는 강대국의 선의가 아니라 '국제법의 입헌화' 기획을 통해서만 비로소 가능하다는 그의 판단이 놓여 있다. 근대 국민국가의 성립사가 보여주는 바와 같이, 국가 내부의 진정한 평화는 강자의 선의에 의해서가 아니라 동등한 상호인정의 규범에 기초한 민주적인 법의 지배가 관철됨으로써 비로소 가능하다. 이와 마찬가지로 진정한 세계평화 역시 현재 국제사회에서 통용되고 있는 국제법이 그 실효성을 발휘할 수 있는 제도적 틀을 갖출 때 비로소 가능하게 된다는 것이다.

현재의 국제법은 국민국가의 헌법과 같은 실질적 효력을 가지지 못한 것이 사실이며, 이런 의미에서 '국제법의 입헌화'는 우리에게 하나의 과제로 주어져 있다. 민주적 국가들 사이의 법적 평화라는 이념을 위해 그가 제시하는 방안은 앞서 설명한 바와 같이 현재의 UN을 개혁하고 강화하는 동시에 다국적 차원의 국제기구들을 활성화하는 것이다. 개혁되고 강화된 UN은 세계평화와 인권 수호라는 제한적 임무만을 수행하며, 기타의 지역적·지구적 사안들은 국제사회 강대국들 사이의 협력에 기초한 다양한 국제기구들이 담당해야 한다는 것이다.

그는 이러한 구상을 '세계정부 없는 세계내정'으로 표현하는데, 이는 이상적인 세계공화국이 없이도 법에 의거한 평화로운 국제질서가 가능할 수 있음을 말한다. 이러한 기획을 실현하기 위해서는 유일 초강대국인 미국의 자발적 협력이 필요하며, 유럽연합은 이러한 협력을 유도하는 국제사회의 주요한 대안적 행위자가 되어야만 한다.

하버마스는 유럽연합이 지구화가 초래한 탈국민국가적 상황 속에서 국민국가 단위를 넘어서는 지역통합의 모범 사례를 보여주고 있다고 평가하면서 통합된 유럽이 초강대국의 일방주의에 대한 정치적 대안이 될 수 있을 것으로 기대하고 있다. 나아가서 그는 유력한 지역통합의 시도들이 세계의 각 지역 단위에서도 진행되어야만 하며, 이러한 지역 통합체들 간의 협력을 바탕으로 지구화의 도전에 대한 효과적 대응이 가능할 것이라고 말한다. 그는 이와 같은 자신의 구상을 기초로 미국이 국제법을 존중하고 다자주의를 중시하는 전통적 외교 노선으로 귀환하여, 국제법의 입헌화 기획에 동참할 것을 촉구하고 있다.

지구화가 초래한 탈국민국가적 상황은 오늘날 인류에게 국민국가 단위를 넘어선 정의로운 세계질서의 수립이라는 새로운 과제를 제기하고 있다. 하버마스는 도덕으로 재무장한 현실주의나 시장의 자율적 힘에 의거한 세계질서를 거부하면서 과연 어떤 규범적 이상을 기초로 평화로운 국제질서가 수립될 수 있을지에 대해 근본적인 성찰을 시도하고 있다.

이러한 그의 성찰 역시 자신이 제시한 토의 민주주의 모델을 초국적 차원에 적용하려는 하나의 시도로 볼 수 있을 것이다. 물론 초국적 단위에서 이러한 민주주의를 실현하기 위해서는 초국적 의사소통과 이를 통한 초국적 공론장의 형성이라는 새로운 도전 역시 제기될 수밖에 없다. 초국적 단위에서의 민주주의가 가능하기 위해서는 개별 국민국가 단위를 넘어서는 세계시민적 정체성의 형성과 초국적 사안들에 대한 시민들의 적극적 관심과 참여가 필요하기 때문이다.

물론 이러한 요구가 현존하는 국민국가 단위의 시민 정체성이나 공론장의 존재를 부정할 필요는 결코 없다. 오히려 실제로 중요한 것은 개별 국민국가 단위의 시민들이 초국적 사안들에 적극적 관심을 표명하고 이를 통해 국민국가 단위로 집약된 공론들이 지역공동체나 전 지구적 단위의 정치적 의사결정에 대해 실질적 영향력을 행사하는 것이기 때문이다.

국민국가 단위의 베스트팔렌적 질서의 틀이 전 지구적 차원에서 동요하고 있는 오늘날, 이러한 하버마스의 논의들에 대한 검토는 국민국가 이후의 지역적·세계적 정치질서를 모색하는 과제와 관련하여 우리들에게 새로운 성찰의 기회를 제공하고 있다.

6

하버마스와 한국사회

1
하버마스 사상의 수용 과정

하버마스가 한국에 소개되기 시작한 것은 1970년대 말부터라고 할 수 있지만 이 시기에 이루어진 소개는 단지 프랑크푸르트학파의 일원으로서 단편적으로 언급되는 수준에 지나지않았다. 이후 1980년대에 들어 그의 몇몇 저서가 번역되고 그에 대한 연구서들이 저술되면서 그의 저작과 사상의 일부가국내에 소개되기 시작하였다.

그러나 마르크스주의가 저항담론을 주도했던 1980년대 지식사회의 풍토 속에서 하버마스의 사상은 대체로 수정주의로 평가절하되곤 했다. 한국의 1980년대는 민주화 운동의 열기가 가득한 시기였으며, 지적으로는 마르크스주의나 북한의주체사상과 같은 급진적 사회이념이 강력한 사회적 영향력을행사하고 있었기 때문이다. 이러한 상황 속에서 그는 다른 한편에서는 반대로 불온한 네오마르크스주의의 일원으로 호명되기도 하였다.

이러한 상황은 당시 한국의 시대적 환경과 하버마스가 자신의 『의사소통 행위이론』(1981)을 체계화하여 발표하던 시기 서독의 상황이 가지는 커다란 차이에서 기인한다고 할 수 있을 것이다. 앞서 살펴본 바와 같이 하버마스의 '생활세계 식민화' 테제는 민주적 법치국가 속에서 자본가와 노동자의 계급갈등이 제도적으로 완화되고 복지국가 체계가 정상적으로 작동하는 상황을 그 사회정치적 배경으로 하고 있다. 이러한 상황을 배경으로 그는 화폐와 권력의 성장과 효율성 논리가 우리의 일상적 생활세계에 미치는 부정적 영향들에 주목하면서 이를 현대 사회의 핵심적인 사회갈등 전선으로 규정하였던 것이다.

반면에 당시 한국사회는 복지국가 건설은 고사하고 군사독재 정권을 타도하고 민주적 기본질서를 회복하는 것이 초미의 관심사가 되고 있는 상황이었다. 따라서 당시 한국사회에서 하버마스가 제시한 시대진단이나 대안 모색 작업은 실천적 차원에서 볼 때 적실성을 가지기가 매우 어려운 상황이었다고 볼 수 있다.

그러나 1987년 민주대항쟁을 계기로 하여 국내적으로 절차적 민주화가 진행되고, 국제적으로는 1990년대 들어 현실 사회주의가 급속히 몰락하게 되면서 한국의 지식계는 하버마스의 사상에 새롭게 주목한다. 이는 현실 사회주의 몰락 이후 새로운 해방적 대안에 대한 사회적 관심이 급증하였고, 시민사회의 정치적 역할을 강조하는 하버마스의 사상이 이에 대한 새로운 대안으로 부상하였기 때문이라고 할 수 있다. 하버마스의 시대진단과 시민사회의 적극적 역할을 요구하는 그의 민주주의 이론이 한국사회에서도 새로운 실천적 대안으로 관심을 받게 된 것이다. 주지하다시피 1990년대는 한국의 시민운동이 급속히 확대되는 시기였으며, 따라서 시민사회 공론장의 역할을 강조하는 하버마스의 사상에 대한 사회적 관심도 커질 수밖에 없는 상황이었다.

이와 동시에 우리는 1990년대 이후 포스트모더니즘 사상이 급속히 한국 지식계에 수입되기 시작하는 상황도 기억할 필요가 있다. 마르크스주의나 북한의 주체사상과 같은 기존의 진보 이념이 가지는 영향력이 급속히 소멸되면서 조성된 지적·이념적 진공 상태 속에서 한국사회에는 푸코, 데리다로 대표되는 포스트모더니즘 조류가 급속하게 유입되기 시작하였다. 그리고 이러한 과정에서 하버마스는 포스트모더니즘 논쟁의

한 축으로, 포스트모더니즘의 도전에 맞서서 근대의 기획과 이성의 잠재성을 옹호하는 대표자로 주목받기 시작하면서 한국사회 지식인들의 커다란 관심을 끌게 되었던 것이다.

이러한 과정에서 1996년 하버마스의 한국방문이 이루어졌고 이를 계기로 그의 많은 저작들이 본격적으로 국내에 소개되기 시작하였다. 그리고 이러한 학문적 작업이 한국 시민운동의 급속한 성장이라는 외적인 정치적 환경과 결합하면서 이후 하버마스의 사상은 한국사회에 대한 실천적 비판과 성찰을 위한 주요 이론적 자원으로 기능하게 된다.

2
하버마스 사상의 기여

이제 이러한 한국적 수용 과정을 염두에 두면서 오늘날의 시점에서 하버마스의 사상이 기여한 바에 대해 전반적으로 평가해 보고자 한다.

먼저 비판이론의 발전 과정이라는 측면에서 보면, 생활세계 식민화 테제로 대표되는 하버마스의 시대진단은 프랑크푸르트학파 1세대 비판이론의 일면적이고 비관주의적인 시대진단이 가지는 한계들을 극복하고, 새로운 사회운동의 등장을 이론적으로 해명할 수 있는 준거 틀을 제공하는 등 비판이론 발전에 중요한 기여를 한 것으로 평가할 수 있다.

하버마스는 사회 통합과 진화를 체계와 생활세계라는 두 차원에서 동시에 파악함으로써 근대화 과정을 도구적 질서의 전면화 과정으로만 파악하는 일면적인 시대진단 방식을 극복할 수 있는 기초를 제공하였다. 근대적 합리화 과정을 도구적 질서의 전면화 과정으로만 규정하는 경우, 우리는 생활세계의 합리화 과정을 올바로 포착할 수 없게 된다. 생활세계의 합리화 과정은 전통에 대한 성찰적 태도를 통해 자유의 영역을 확대할 여지를 제공하며, 특히 민주주의의 발전을 가능하게 한다는 점에서 중요한 긍정적 의의를 가지고 있다. 하버마스의 이층위적 사회관은 근대화 과정의 복합적 측면을 균형 있게 해명할 수 있는 길을 제시함으로써『계몽의 변증법』으로 대표되는 비관주의적이고 일면적인 시대진단 방식의 딜레

마를 극복할 가능성을 제시했다는 점에서 중요한 기여를 한 것으로 평가할 수 있다.

둘째, 생활세계 식민화 테제는 개입주의 국가의 출현과 복지국가의 등장으로 특징지을 수 있는 후기 자본주의 사회의 현실을 고려하면서 삶의 질을 둘러싸고 전개되는 새로운 사회운동의 출현 과정과 그 실천적 의의를 해명하였다. 나아가서 그의 토의 민주주의 이론은 1989년 사회주의 몰락과 더불어 집중적인 관심의 대상이 되었던 시민사회론을 선구적으로 제시하고, 이에 기초하여 민주주의 심화를 모색하고 있다는 점에서 그의 정치적 대안 모색 작업 역시 중요한 의의를 갖는다고 평가할 수 있다. 삶의 질을 중심 이슈로 삼는 새로운 사회운동의 출현을 생활세계의 저항으로 해석하고, 이를 토의 민주주의 이론의 중요한 계기로 수용함으로써 그는 민주주의 심화의 실천적 동력을 확보하는 데에도 중요한 기여를 한 것으로 평가할 수 있을 것이다.

비판이론의 발전 과정이라는 논의 맥락을 넘어 현재 한국 사회에 대한 비판적 진단과 대안 모색이라는 측면에서 생각해 볼 때도, 하버마스의 사상은 중요한 실천적 의미를 가진다.

오늘날 한국사회 역시 경쟁과 효율성 논리의 전면화가 야기하는 심각한 사회적 병리현상에 직면하였다고 할 수 있기 때문이다. 많은 논자들이 지적하고 있는 바와 같이 한국사회는 1997년 IMF 위기 이후 경쟁과 효율성 논리가 전면화되면서 우리의 생활세계 전반을 포획하는 상황에 직면해 있다.

이는 지구화가 급속히 진행되면서 전 지구적 차원에서 시장경쟁이 강화되고, 국내적으로도 기업의 구조조정이 상시화되며 비정규직이 급증하는 상황과 밀접하게 관련되어 있다. 이러한 상황과 관련하여 국내의 몇몇 논자들은 1997년 이후 한국사회의 변화를 '기업사회(김동춘)', '시장전체주의(도정일)', '환원근대(김덕영)'와 같은 개념들로 규정하기도 한다.* 한국사회에서도 기업과 시장의 경쟁과 효율성 논리가 자신의 고유한 영역을 넘어서 사회 전반을 지배하는 유일한 원리로 등장하게 되었다는 것이다. 물론 이러한 진단은 하버마스의 시대진단과도 일맥상통하는 것이라고 할 수 있다.

그리고 이러한 상황은 이미 하버마스가 지적한 대로 생활

---

* 김동춘, 『1997년 이후 한국사회의 성찰』, 길, 2006; 도정일, 『시장전체주의와 문명의 야만』, 생각의 나무, 2008; 김덕영, 『환원근대』, 길, 2014.

세계 내부에서 의미상실, 아노미, 정신병리 등 다양한 부정적 효과를 산출한다. 경쟁과 효율성 논리의 전면화로 인해 시민들이 삶의 의미를 상실하고, 도덕적 혼란 상태에 빠지면서 다양한 정신적 병리현상이 속출하게 된다는 것이다. 우리 사회에서도 역시 '1997년 이후 한국인들의 마음과 삶 자체가 속물화(김홍중)'되고 있다는 진단이 제기되었다.* 1980년대를 지배하던 정의롭고 진정한 삶에 대한 열망이 소멸하고 시장의 경쟁만이 전면화되면서, 오늘날 한국인들이 단지 개인적인 소비욕구만을 추구하는 텅 빈 내면의 모습에 직면하게 되었다는 것이다.

이와 같은 우리 사회의 병리적 현상들을 고려할 때, 하버마스의 생활세계 식민화 테제는 우리 사회의 병리적인 경향을 비판적으로 성찰할 수 있는 틀을 제공한다는 점에서 현재 우리들에게도 매우 중요한 실천적 의미를 가진다. 그간 한국사회는 산업화와 민주화의 동시 성공을 통해 외형적 성장과 제도적 정비에서 큰 성과를 거둔 것으로 평가받고 있다. 남과

* 김홍중, 『마음의 사회학』, 문학동네, 2009.

북의 분단이라는 열악한 조건 속에서도 산업화 시기의 급속한 경제성장으로 인해 한국은 세계 10위권 경제규모 진입을 목전에 두고 있으며, 민주화 이후 인권과 민주주의를 수호할 수 있는 제도적·법적 기반도 구축하였다. 그러나 이러한 외적이고 제도적인 성장과 정비에도 불구하고 한국사회 내에서는 가치관의 혼란과 사회적 갈등이 격화되고 있다. 이러한 우리의 상황들이 외적인 성장을 넘어 내적인 사회통합과 도덕적이고 윤리적인 내면적 삶의 회복을 요구하고 있다는 점에서 하버마스의 현대 사회 진단은 오늘날 우리들에게 더욱 깊은 성찰을 요구하고 있는 것으로 보인다.

3
남겨진 과제들

1) 시대진단 및 대안 모색과 관련하여

그러면 이제 이러한 긍정적 평가를 전제로 하여 오늘날의 관점에서 볼 때, 그의 시대진단과 대안 모색 작업이 가지는 한계는 어떤 것일지에 대해서 생각해 보도록 하자. 물론 일정 부분 시대적 상황의 변화에서 기인하는 것으로 볼 수도 있겠지만, 그의 시대진단 방식에 대해서는 다음과 같은 두 측면에서 그 주요한 한계를 지적할 수 있다. 먼저 그의 시대진단은 첫째, 생활세계 내부의 문제들을 간과하고 있으며, 둘째, 체계 내부 기제로 인해 발생하는 문제들을 무시하고 있다는 점에서 그 한계를 가진다.

하버마스의 생활세계 식민화 테제가 가지고 있는 핵심적 한계는 현대 사회의 갈등 일반을 체계 논리의 침식에서 발생하는 문제로 환원한다는 데에 있다. 다층화되고 있는 현대 사회 갈등 일반의 원인을 체계 논리, 즉 돈과 권력의 효율성 논리의 침식으로만 진단하는 방식은 다양한 사회영역에서 발생하는 고유한 갈등을 무시하는 결과를 초래할 수 있기 때문이다.

물론 이미 지적한 바와 같이 생활세계 식민화 테제가 체계 논리의 침식으로 인한 새로운 사회갈등들, 예를 들어 교육 부문의 시장화, 행정 권력에 의한 사생활권의 침해 등의 문제를 명확하게 해명하고 있다는 점을 부정할 수는 없다. 그러나 이러한 진단만으로는 오늘날 상이한 차원에서 발생하는 사회갈등과 인정투쟁의 고유한 구조들을 해명할 수 없다.

예를 들어 이주자의 인정투쟁, 소수 문화 집단의 인정투쟁, 동성애자의 인정투쟁 등은 단지 효율성 논리의 침투에 대한 거부가 아니라, 생활세계 내부에 존재하는 차별과 무시에 대한 거부와 저항이라는 틀 속에서만 적합하게 접근되고 해명될 수 있을 것이다. 소수 인종이나 종족이 직면하게 되는 차별이나 낙인의 문제는 특정한 사회적 속성이나 집단에 대한 문화적 평가 질서, 즉 인정질서에 주목할 때에만 온전히 해명될 수 있다.

이와 관련하여서는 특히 오늘날 소수자 정체성의 인정을 둘러싼 갈등이 전 세계적인 차원에서 정치적 갈등과 동원의 핵심 요인이 되고 있는 상황을 고려할 필요가 있다. 지구화가 수반하는 거대한 이주의 물결로 인해 오늘날 다문화주의와 관련된 도전은 핵심적인 정치적 과제로 부상하고 있다. 물론 결혼이주자와 외국인 노동자, 탈북자가 급증하고 있다는 점에서 우리 사회 역시 이러한 상황에서 예외가 될 수는 없을 것이다.

하버마스 이후 비판이론의 발전 과정 역시 이러한 문제와 밀접한 연관 관계를 가지고 있는 것으로 보인다. 현재 하버마스의 뒤를 이어 프랑크푸르트학파 3세대의 연구를 주도하고 있는 악셀 호네트는 의사소통 패러다임을 넘어 인정 패러다임을 제시하고 있는데, 이러한 전환의 근본적 목적 역시 생활세계 내부에 존재하는 '인정-무시 질서'를 해명하는 데에 있는 것으로 보인다. 주로 다문화주의와 관련된 차이의 인정 문제에 천착하는 테일러의 논의와 더불어 호네트의 작업들은 오늘날 인정이론의 발전을 주도하고 있다.

호네트는 하버마스와 마찬가지로 주체와 주체의 사회적 관계, 즉 상호주관성 개념에서 출발하지만 그가 각별히 주목하고 있는 것은 주체들 사이의 인정-무시 관계라고 할 수 있다. 그는 가족, 시민사회, 국가 구도 속에서 사랑, 권리, 연대라는 인정 형태를 구별하고, 이에 입각하여 현존하는 사회적 무시의 형태들과 그로 인한 갈등들을 종합적으로 분석하고 있다. 이러한 시도는 하버마스가 간과했던 생활세계 내부의 지배와 무시 관계를 적극적으로 해명하기 위한 시도라고 평가해 볼 수 있을 것이다.

생활세계 내부에 존재하는 인정-무시 질서를 간과하고 있다는 문제점과 더불어 하버마스의 이론은 체계 이론을 수용하면서 경제 체계 내부에 존재하는 분배 불평등 문제를 간과한다는 지적도 제기되고 있다. 그가 식민화 효과에 대한 생활세계의 저항이라는 수세적 구도를 설정함으로써 체계 논리 자체에서 발생하는 문제들을 방치하는 결과를 초래하게 되었다는 것이다.

하버마스는 체계 이론이 제시하는 '화폐를 매체로 한 자율적 시장 경제'라는 개념을 수용함으로써 생활세계의 논리를 통한 체계 논리의 제어 혹은 개입에 대해 매우 제한적인 견해를 제출하고 있다. 생활세계 논리를 통해 체계의 논리와 자율적 기능을 대체해서는 안 된다는 것이다. 물론 이러한 그의 입장은 기능적으로 분화된 복잡 사회라는 조건에서 생활세계의 논리를 통한 체계의 지배가 과거 사회주의의 역사가 보여준 바와 같이 사회의 물질적 재생산의 효율성을 저하시키는 결과를 초래할 것이라는 우려를 담고 있다.

그럼에도 불구하고 그가 시장에 대한 개입 가능성을 과도하게 축소하고 있기 때문에 그의 시대진단은 체계가 발생시키는 문제들에 대한 분석과 접근에서 일정한 장애를 초래하게 된다. 이로 인해 그는 시장 체계 자체가 산출하고 있는 분배 불평등의 문제에 주목하지 못하였고, 그의 틀 속에서는 이를 해결하기 위한 체계에 대한 제어 방법도 포착하기 힘들게 된다는 것이다.

이러한 한계를 극복하기 위해서는 시장 경제 질서 구축과 제어에 관한 정치적 영향력 일반을 적절히 평가할 수 있는 대안적 이론 틀이 모색되어야만 할 것이다. 특히 현재 신자유주의적 시장화가 복지국가의 위기와 양극화 현상, 안정적 일자리의 감소 등 심각한 사회 문제들을 야기하고 있다는 점을 고려할 때, 이러한 대안의 모색은 실천적으로도 매우 중요한 의미를 지닌다고 할 수 있을 것이다.

하버마스의 생활세계 식민화 테제가 널리 알려진 것이 복지국가의 틀이 유지되던 1980년대 초라는 점을 고려한다면, 국민국가 단위의 정책 결정권을 약화시키는 신자유주의적 세계화가 진행되고 그로 인해 전 지구적 차원에서 부의 불평등 분배가 심화되고 있는 오늘날의 상황 속에서도 이러한 시대진단이 과연 적절할 수 있는 것인지가 다시 한 번 새로운 시각에서 검토되어야만 한다.

하버마스의 사회이론과 시대진단이 가지는 두 가지 한계에 대한 성찰은 오늘 우리 사회의 현실과 관련하여서도 시급한 과제이다. 오늘날 한국사회 역시 인정갈등과 분배갈등이 심각한 사회갈등 요인을 제공하고 있기 때문이다.

전 지구적 이주의 물결과 더불어 한국에도 이주자들이 급속히 유입되고 있다. 한국의 경제성장은 외국인 노동자, 결혼이주자, 탈북자의 유입을 급속히 증가시켰다. 소위 3D 업종에 대한 기피 현상과 노동력 부족 현상으로 인해 외국인 노동자가 급증하고 있으며, 농촌 지역을 중심으로 결혼이주여성들 역시 급속히 증가하고 있다. 그뿐만 아니라 북한의 심각한 식량난 이후 현재까지도 탈북자들의 국내 입국은 지속해서 증가하고 있다.

이와 같이 외부에서 유입되는 타자들이 증가하는 한편, 한국사회의 다원화 및 자유화 경향 속에서 동성애자, 양심적 병역거부자 등과 같은 내부적 소수자들도 적극적인 사회적 인정을 요구하기 시작하였다. 이 외에 학벌주의와 같이 한국의 특수한 문화에서 기인하는 뿌리 깊은 사회적 무시 현상도 심각한 문제로 꼽을 수 있다.

이러한 상황들을 배경으로 하여 그간 단일민족 전통을 고수하면서 집단주의적 성향을 유지해 왔던 한국사회는 새로운 도전들에 직면하고 있다. 그리고 이러한 도전들에 대응하기 위해서는 무엇보다 우리 사회의 인정질서가 가지는 포용능력을 강화하는 것이 필요하다. 이를 위해서는 한국사회의 폐쇄적이고 차별적인 사회적 인정질서에 대한 전면적 비판과 이에 대한 새로운 성찰이 필요할 수밖에 없을 것이다.

또한 현재 한국사회는 사회적 양극화 담론들이 지적하고 있는 바와 같이 심각한 분배 불평등의 문제에 직면하고 있기도 하다. 전 지구적인 경쟁의 강화를 배경으로 산업의 고도화와 유연화가 진행되면서, 정규직 일자리는 급속히 감소하고 있고 이로 인한 실업 문제 역시 심각한 상황이다. 특히 청년 실업이 증가하면서 새로운 세대들의 사회 진입 자체에 장애가 조성되고 있다. 그뿐만 아니라 비정규직의 급속한 증대는 분배의 불평등과 고용 불안을 더욱 심화하고 있다. 청년 실업자들이나 비정규직 노동자들은 점차 정상적인 경제적 삶의 영역에서 '배제'되고 있는 것으로 보인다.

이러한 상황은 그 근본 원인 자체가 자본주의 경제 체계의 변화에 있는 만큼, 이에 대한 분석과 대안 모색을 위해서는 자본주의 시장 체계가 가지는 제한성에 대한 성찰과 더불어 그에 대한 민주적 제어와 통제 방안을 모색하는 것이 불가피하다.

이런 점들을 종합적으로 고려할 때, 하버마스의 시대진단이 가지는 긍정적 의미와 그 한계들에 대한 올바른 성찰은 비단 현대 사회 일반을 겨냥하는 비판이론의 수립이라는 과제를 넘어서 바로 오늘 우리 자신들의 문제를 해결하기 위한 불가피한 과제라고 말할 수 있을 것이다.

민주화 이후 시민사회운동의 급속한 진전 과정 속에서 하버마스의 시대진단과 대안 모색 방식은 한국사회의 현실을 해명하고 이에 대응하는 데에도 중요한 영향을 미쳐 왔다. 그러나 오늘날 우리 사회는 지구화 과정으로 인해 사회적 양극화가 심화되고 사회적 소수자들이 증가하는 등 새로운 실천적 도전들에 직면하고 있다. 우리의 복합적인 실천적 과제들을 중심으로 하버마스의 사회이론과 시대진단이 발전적으로 재구성될 수 있을 때, 그의 이론은 우리의 현실 속에서도 새로운 생명력을 발휘하게 될 것이다.

2) 의사소통 패러다임의 도입과 관련하여

물론 하버마스의 사회철학적 시대진단과 대안 제시가 가지는 문제점들을 극복하기 위한 과제들 이외에도 그동안 이론적인 수준에서 의사소통 패러다임 자체를 둘러싸고 제기되었던 많은 논란과 비판들 역시 숙고하여야만 한다. 아래에서는 의사소통 패러다임에 대해서 그동안 제기되었던 대표적인 문제들에 대해서 간략히 살펴보고자 한다.

물론 의사소통 패러다임을 둘러싸고 전개되어 온 논란들에 대한 여기서의 검토는 매우 단순화되고 형식화된 방식으로 제시될 수밖에 없다. 따라서 각각의 논쟁 지점들에 구체적 관심이 있는 독자들은 여기서 제시되는 논점을 염두에 두면서 구체적인 논쟁의 내용들을 직접 검토해 보아야 할 것이다.

하버마스의 의사소통 패러다임이 체계화되어 발표된 이후 이와 관련하여 제기된 논란들은 크게 권력, 언어, 타자성이라는 주제영역들로 나누어 볼 수 있다. 물론 이 각각의 영역들은 서로 분리되기 어려울 정도로 밀접하게 연관되어 있는 경우도 존재한다. 아래에서는 이러한 사실들을 염두에 두면서 각각의 논의 영역들에서의 주도적 논란과 비판의 내용이 무엇인지 살펴보도록 하자.

첫째, 하버마스의 의사소통 패러다임에 대한 비판 중 권력과 관련된 논란을 주도하는 질문들은 다음과 같다. 과연 권력과 지배로부터 자유로운 합리적 의사소통이나 합의가 가능한 것인가? 사회적으로 합의된 규범들이란 결국 기존의 권력 관계나 지배 관계를 정당화하는 수단에 불과한 것이 아닌가? 이제 이 두 질문들에 대해서 좀 더 자세히 검토해 보도록 하자.

사실 우리가 일상생활에서 반복적으로 경험하듯이 현실적인 사회관계는 항상 권력의 불균형 혹은 지배와 피지배 관계를 내포하고 있다. 만인의 평등은 언제나 규범적 요구일 뿐이며, 현실은 언제나 가시적이거나 비가시적인 위계적 관계를 내포한다. 물론 이러한 지배와 피지배 관계는 자본가와 노동자 사이의 계급 관계(마르크스)일 수도 있고, 정상과 비정상의 관계(푸코)일 수도 있으며, 남성과 여성, 이성애자와 동성애자의 관계(차이의 정치)일 수도 있다.

그렇다면 이런 상황에서 과연 합리적 의사소통과 이를 통한 합의라는 것이 가능할까? 하버마스가 현실의 지배관계를 간과하고 이상적인 의사소통만을 강조하고 있는 것은 아닌가? 나아가서 만일 이러한 권력의 불균형 혹은 지배와 피지배 관계하에서 어떤 사회적 합의가 이루어진다면, 그렇게 합의된 규범이 결국 현존하는 지배 관계를 정당화하는 기능만을 수행하게 되는 것은 아닐까?

하버마스가 의사소통 패러다임을 체계화한 이후 이러한 비판적 질문은 다양한 형태로 제기되어 왔다. 물론 이러한 비판들에 대해 하버마스는 현실적 의사소통 과정이 지배 관계를 통해서 다양한 방식으로 왜곡될 수 있다는 사실을 적극적으로 인정하였다. 그럼에도 불구하고 하버마스는 늘 언어적 의사소통 과정 내부에는 이러한 지배관계를 비판할 가능성이 잠재되어 있다고 강조한다.

원칙적인 차원에서 볼 때, 의사소통 과정 내부에는 언제나 청자가 '아니오'라고 비판을 제기할 가능성이 내재되어 있기 때문이다. 따라서 우리가 의사소통, 나아가서는 합리적 논증을 중단하지 않는 한 현존하는 지배 관계에 대한 비판 가능성은 언제나 열려 있을 수밖에 없다. 합리적 의사소통과 논증을 시도하는 한 모든 사람들은 자기 입장의 일관성을 유지하면서 합리적 논증을 시도하기 때문이다. 그리고 이러한 비판이 가능한 한에서 의사소통과 논증은 단지 기존의 규범을 정당화하는 것을 넘어 현존하는 지배를 비판하는 기능을 유지한다.

물론 이러한 원칙적 입장은 어디까지나 말 그대로 원칙적인 입장일 뿐이다. 실제로 의사소통과 논증이 현실의 지배관계를 얼마만큼이나 비판하고 그것을 극복할 수 있을지는 해당 사회에서 시민사회가 얼마나 활성화되어 있고 거기서 얼마나 강력한 공론을 형성할 수 있는가 하는 현실적 상황에 달려 있기 때문이다. 자율적인 시민사회와 그 내부에서 작동하는 비판적 공론장의 기능이 부재하는 상황에서는 합리적 논증을 통한 사회비판이 현실의 지배관계를 극복할 가능성 역시 약화될 수밖에 없을 것이다.

따라서 자유로운 의사소통을 통한 사회비판의 가능성을 실현하기 위해서는 현실에 존재하는 불의한 지배관계는 무엇이며, 그러한 지배관계가 현실적 의사소통 과정을 어떻게 왜곡하며 위협하고 있는지를 철저히 고찰할 필요가 있다. 물론 앞서 밝힌 바와 같이 불의한 지배관계의 존재를 인정하는 것이 그 자체로 하버마스의 합리적 의사소통에 대한 요구를 부정하는 것은 아니다. 왜냐하면, 다른 한편에서 보면 합리적 의사소통에 대한 요구가 전제될 때에만 그것을 왜곡하는 지배관계에 대한 분석이나 비판도 가능해지기 때문이다. 이런 점에서 보면, 하버마스의 의사소통 패러다임과 푸코의 권력 분석도 결국 일정한 상호보완 관계를 맺는다고 이야기할 수 있을 것이다.

둘째, 하버마스의 의사소통 패러다임에 대한 비판 중 언어와 관련된 논란을 주도하는 질문들은 다음과 같다. 언어적 소통의 목적이 정말로 상호이해나 합의에 있는 것인가? 언어적 소통과 이를 통한 문제해결이라는 것이 진정한 언어의 본질인가? 이제 이 두 질문들 각각에 대해서 좀 더 자세히 검토해 보도록 하자.

먼저 상호이해와 합의를 언어적 소통의 목적이라고 주장하는 하버마스에 맞서서 언어적 소통의 목적은 서로 다른 의견을 표출하는 데에 있다는 상반되는 주장이 제기될 수 있을 것이다. 언어적 의사소통의 일차적인 목적은 각자가 가지고 있는 차이를 드러내고, 필요한 경우에는 차이나는 존재들이 서로의 주장을 가지고 경합하는 데에 있다는 것이다(리오타르). 이 상황에서 중요한 것은 각자가 새로운 차이를 만들어 내는 것이지 결코 섣부른 합의에 도달하는 것이 아니다.

이들이 보기에 언어적 소통의 목적을 합의로 규정하는 하버마스의 견해는 현존하는 차이들을 억압하거나 은폐하면서 불가능한 합의라는 목적만을 내세우는 것으로 평가된다. 물론 하버마스는 이러한 비판에 맞서서 그가 말하는 합의는 차이를 은폐하거나 억압하는 것이 아니라 오히려 차이가 존재하기 위한 불가피한 조건이라고 응답하고 있다.

예를 들어 여성이나 동성애자가 가지는 차이를 주장하기 위해서는 먼저 그들이 동등한 인간으로서 자신의 주장을 제기할 권리가 있다는 사실에 대해 합의가 필요하다. 그뿐만 아니라 그들이 자신의 고유한 요구를 사회적으로 관철시키기 위해서도 그들의 요구가 지닌 정당성을 합리적으로 설득하는 과정이 필요하다.

물론 이 경우도 상호이해나 합의 자체가 적극적으로 차이를 생산하거나 드러내는 기능을 하지는 못한다는 점에서 리오타르가 주장하는 차이의 생산과 적극적 폭로는 여전히 합리적 의사소통의 내용을 풍부하고 의미 있게 만드는 계기를 제공할 수 있다. 차이의 정당화는 합리적 논증을 필요로 하며, 합리적 논의가 내용적으로 풍부해지기 위해서는 차이의 지속적인 생산이 필요하다.

다음으로 우리는 과연 의사소통이 언어의 본질적 기능인가하는 질문을 던져볼 수도 있다. 앞서 살펴본 대로 하버마스가말하는 의사소통 행위는 특정한 문제상황에 봉착하여 주어진문제를 공동으로 해결하기 위해서 협력하는 주체들을 전제로하고 있다. 따라서 이러한 상황에서 언어적 소통이 담당하는기능은 주어진 문제를 해결하는 것이라고 할 수 있다.

그런데 다른 한편에서 보면, 특정한 문제가 문제로 인식되기 위해서는 먼저 그것이 특정한 방식으로 우리에게 가시화될 필요가 있다고 할 수 있다. 예를 들어 우리가 동물의 권리를 문제 삼기 위해서는 먼저 동물이 존중받을 만한 존재로 해석되어야 한다. 마찬가지로 동성애자가 단지 비정상적인 존재이자 치유의 대상으로만 해석되는 상황에서는 그들의 권리를 어떻게 보장할 것인가 하는 문제 자체도 등장할 수 없을 것이다.

이는 언어적 소통을 통한 문제해결 기능은 그에 앞서서 상황에 대한 특정한 방식의 의미 이해를 전제할 수밖에 없음을 말해 준다. 먼저 특정한 방식으로 세계와 상황이 해석된 후에야 비로소 합리적인 의사소통과 문제해결이 기능할 수 있다는 것이다. 하이데거는 언어의 이러한 측면에 착안하여 '언어는 존재의 집이다'라는 유명한 명제를 제시하기도 하였다. 언어는 세계 자체를 드러내 주는 기능이 있으며, 그런 한에서 이러한 언어의 기능을 떠나서는 그 어떤 존재자도, 그것을 둘러싼 문제해결 과정도 존립할 수 없다는 것이다.

문제는 이렇게 특정한 방식으로 세계나 상황이 해석되는 과정은 하버마스가 말하는 의사소통 이성에 앞서서, 그리고 그 외부에서 진행될 수밖에 없다는 것이다. 이러한 입장에서 보면 근원적인 언어의 기능은 세계 자체를 드러내는 데에, 즉 현시顯示하는 데에 있으며, 이러한 과정은 인간의 합리성으로만은 포착될 수 없는 성질을 지니게 된다. 우리가 통제할 수 없는 언어의 시적 본성에 따라 세계와 상황이 먼저 주어지며, 인간의 주체적 이성은 언제나 이에 구속된다는 것이다.

이러한 주장에 대해서 한편으로 하버마스는 언어의 세계

현시 기능을 우선시하고 강조하는 이러한 입장은 결국 언어를 신비화하고 인간을 수동적 존재로 만든다고 강력히 비판한다. 인간은 단지 존재나 언어의 부림을 받는 수동적 존재가 아니라는 것이다. 하지만 언어의 문제해결 기능이 발휘되기 이전에 합리성으로 환원되지 않는 의미화 과정이 전제될 수밖에 없다는 사실 자체는 그 역시도 인정하고 있다.

따라서 결국 중요한 것은 언어가 가지는 불가피한 두 기능을 인정하면서 양자의 관계를 정확히 자리매김하는 것이다. 언어 자체를 시적 언어로 환원하게 되면, 주체들의 능동적이고 합리적인 문제해결 과정을 간과할 수밖에 없다. 또한 합리적 문제해결 과정만을 강조하게 되면 그러한 문제해결을 가능하게 해주는 전제들, 그리고 문제 자체에 대한 새로운 시각을 열어 주는 근원적 해석의 가능성을 모두 놓칠 수 있다. 결국 이러한 논란에서 중요한 과제는 하이데거의 시적 언어와 하버마스의 합리적 언어, 언어의 문제해결 기능과 세계 현시 기능 사이의 변증법적 관계를 정확히 포착하는 것이 될 것이다.

셋째, 하버마스의 의사소통 패러다임에 대한 비판 중 타자성과 관련된 논란을 주도하는 질문들은 다음과 같다. 주체-

주체 사이의 관계에 주목하는 의사소통 패러다임은 여전히 주체의 외부에 존재하는 근원적 타자성 자체를 부정하고 억압하는 것이 아닌가? 중첩된 주관성이라고 할 수 있는 의사소통 주체 개념은 여전히 주체들 외부의 타자인 자연이 가지는 고유성과 차이를 억압하고 있는 것은 아닌가?

주체와 주체 사이의 합리적 의사소통에 주목하는 상호주관성 개념이 다른 주체에 대해서는 개방성을 확보할 수 있지만 주체들 외부에 존재하는 객체, 즉 자연의 타자성에 대해서는 여전히 침묵하거나 지배의 대상으로 치부하고 있는 것은 아닌가 하는 것이다. 예를 들어 하버마스의 견해를 따른다면, 의사소통의 상대방으로 등장할 수 없는 자연이나 생명체들은 여전히 지배의 대상으로 간주될 수 있으며, 생태계 위기가 심각한 오늘날 이러한 태도는 커다란 제한성을 가질 수밖에 없다.

하버마스는 이러한 비판에 대해서 우리는 의사소통의 상대방인 다른 인격체와 의사소통의 대상이 되는 객체를 혼동해서는 결코 안 된다고 주장한다. 의사소통의 상대방인 다른 주체에게 부여하는 권리를 자연적 사물에 동일하게 부과할 수는 없다는 것이다.

만일 우리가 이러한 구별을 하지 못하면 이는 결국 자연을 인격화하는 또 다른 오류를 낳게 될 것이기 때문이다. 그 대신에 하버마스는 의사소통의 상대방이 가지는 권리에 유비하여 자연이나 생명체 일반에 대한 책임이나 배려 의식을 확대해 나갈 것을 주장한다. 의사소통의 상대방인 타인의 권리를 적극적으로 인정하고 배려하는 태도를 확장하면, 우리가 자연 생태계에 대해서도 더 배려하는 태도를 가질 수 있다는 것이다.

이러한 논란과 관련하여서는 인간과 자연 사이의 구별은 유지하면서도 합리적 의사소통이라는 틀을 넘어서 자연에 대한 새로운 방식의 언어적 해석들을 모색해 볼 수도 있을 것이다. 앞서 말한 바와 같이 세계에 대한 근원적인 해석이 인간들의 태도와 문제해결 방식에 영향을 줄 수 있는 만큼 자연에 대한 새로운 언어적 해석의 틀을 제시해 보려는 노력도 시도될 수 있을 것이다.

추천 도서

앞서 서두에서 언급한 하버마스의 주된 저서 두 권은 물론이고 그 외에도 많은 저작들이 이미 국내에 번역되어 있습니다. 그러나 초심자들에게는 직접적인 접근이 쉽지 않은 만큼 아래에서는 두 권의 하버마스 입문서와 프랑크푸르트학파에 대한 입문서 한 권을 추천하고자 합니다.

• 존 시튼, 김원식 옮김, 『하버마스와 현대 사회』, 동과서, 2007.

이 책은 하버마스의 사회이론과 정치이론 전반을 21세기의 사회적 현실에 비추어 체계적으로 소개하고 있습니다. 우리는 이를 통해 하버마스의 사회이론이 어떠한 정치적 상황과 문제의식 속에서 발생하였는지를 확인할 수 있을 것입니다. 그뿐만 아니라 이 책은 지구화 과정이 수반하고 있는 복지국가의 후퇴 및 사회적 양극화를 염두에 두면서 하버마스의 시대진단 및 정치적 대안이 가지는 근본적 한계에 대해 비판적으로 검토하고 있기도 합니다.

하버마스의 생활세계 식민화론이 오늘날 심화되고 있는 사회적 불평등 문제를 과연 포괄할 수 있을지, 그의 토의 민주주의 기획이 이러한 상황에 대처할 수 있는 능력이 있는지를 검토하는 것은 오늘 우리 사회의 현실을 반성하는 데에도 좋은 기회를 제공할 수 있을 것입니다.

• 발터 레제-쉐퍼, 선우현 옮김, 『하버마스』, 거름, 1998.

이 책은 하버마스 본인이 자신의 사상에 대한 입문서로 추천할 만큼 그의 사상을 정확히 소개하고 있습니다. 여기서 저자는 1980년대 이후 하버마스 사상의 궤적 전반을 폭넓게 추적합니다.

8장으로 구성된 이 책들은 우선 그의 이론 체계를 구성하고 있는 진리론, 의사소통 행위이론, 담론윤리학 등 핵심 요소들을 소개하고 있습니다. 이어서 포스트모더니즘 논쟁을 다룬 후, 그의 이론이 형성된 정치적 맥락과 함의들을 설명하고 있습니다. 그리고 나머지 부분에서는 하버마스가 생각하는 오늘날 철학의 의미와 위상은 무엇인가를 설명합니다.

• 연구모임 사회비판과 대안 엮음, 『프랑크푸르트학파의 테제들』, 사월의 책, 2012.

하버마스의 사상에 대한 이해를 위해서는 프랑크푸르트학파 전통에 대한 이해가 필수적으로 요구됩니다. 이 책은 호르크하이머, 아도르노, 벤야민, 마르쿠제, 프롬 등 프랑크푸르트학파 1세대들의 작업 전반을 평이하게 소개하고 있기 때문에 하버마스 사상의 탄생 과정을 이해하는 데에도 커다란 도움을 줄 수 있을 것입니다.

그뿐만 아니라 하버마스의 사상에 대한 소개 글은 물론 하버마스의 후임으로 현재 사회조사연구소 소장을 맡고 있는 호네트에 대한 소개 글까지 담고 있습니다.